成长密码

助力孩子健康成长的 80 个家长须知

吉震花 著

天津出版传媒集团

天津古籍出版社

图书在版编目（CIP）数据

成长密码：助力孩子健康成长的80个家长须知/吉震花著. — 天津：天津古籍出版社，2020.8（2021.5重印）
ISBN 978-7-5528-0979-4

Ⅰ. ①成… Ⅱ. ①吉… Ⅲ. ①家庭教育 Ⅳ. ①G78

中国版本图书馆CIP数据核字（2020）第117981号

成长密码：助力孩子健康成长的80个家长须知
CHENGZHANG MIMA：ZHULI HAIZI JIANKANG CHENGZHANG DE 80 GE JIAZHANG XUZHI

吉震花/著

出　　版	天津古籍出版社
出 版 人	张　玮
地　　址	天津市和平区西康路35号康岳大厦
邮政编码	300051
邮购电话	（022）23517902
责任编辑	门　辉
封面设计	儒圣文化
印　　刷	天津新华印务有限公司
经　　销	新华书店
开　　本	710毫米×1000毫米 1/16
印　　张	7.75
字　　数	118千字
版次印次	2020年8月第1版　2021年5月第2次印刷
定　　价	28.00元

版权所有　侵权必究
图书如出现印装质量问题，请致电联系调换（022-23517902）

前 言
Preface

不客气地讲，在培养和教育子女方面，很多家长是糊涂和缺少理性的。他们面对孩子成长无所适从，辅导孩子学习毫无章法，应对孩子"厌学叛逆"更是束手无策。常常埋怨孩子不懂事、抱怨老师不用心。但缺少反思、怨天尤人的他们却始找不到问题的根源究竟在哪里。

"知己知彼，百战不殆"，管理和教育孩子也逃不开这个规律。孩子有问题并不可怕，怕的是不从根源上找原因，只是"头疼医头、脚疼医脚"，这种隔靴搔痒的权宜之计根本就是掩耳盗铃。当家长们把所有责任都"外归因"时，别人即使付出所有的努力恐怕也只是在做无用功。"树大自直"是一种错误的教育观念，问题的形成也是日积月累的结果，"未雨绸缪"才是解决问题的基础，教育亦不例外。

"需之予之、说之从之"，这是"大催眠"的核心概念。想让孩子服从管理，前提当然是科学合理和人性化的方法，必须搞明白孩子需要什么，并及时地给予，这样孩子才有可能服从，只有"棒子"而没有"面包"的管理注定没有效果。而这里的"给予"绝不单单指物质，更重要的是精神层面，如理解、包容、尊重、平等、鼓励，以及父母正向、积极的言传身教等。关键之关键，就是要弄明白孩子在各个成长时期的精神需求。

本书从发展心理学角度切入，从实用心理学角度给出问题，力求全方位解答当前家长关注的子女教育与亲子关系等问题。目的只有一个，那就是让亲子关系更和谐，让家长少犯错误，让孩子们都能在幸福快乐的环境中健康成长。

吉震花

目 录
Contents

第一章　安全感 ·· 003

第二章　被　爱 ·· 017

第三章　独立和被尊重 ·· 029

第四章　被需要感 ·· 045

第五章　成就感和荣誉感 ······································ 055

第六章　自我发展 ·· 067

第七章　厌学及青春期逆反 ···································· 077

第八章　生理心理问题纠偏 ···································· 085

● 附一：致家长们的一封公开信 ································ 113

● 附二：致孩子们的一封公开信 ································ 117

第一章 安全感

> 安全感是人格构建的基础,事关人的一生。安全感的形成源自一个人幼年时期的经历,生长在和谐家庭环境的孩子一般都会形成健康人格(和谐稳定的心理状态);反之,如果成长环境恶劣或遭遇过不良事件刺激,安全感就会部分或完全丧失,从而导致人格缺陷。丧失安全感的人会向两个极端发展,一种是"神经过敏"式的防御过度,像惊弓之鸟,更像从猎枪下脱逃的野狼,逐渐形成攻击型人格;另一种是把自己装在套子里的退缩型人格,他们畏畏缩缩、如履薄冰,甚至会害怕树上掉下叶子砸破头,最终会自闭成"与世隔绝"状态,成为现实中的别里科夫(《装在套子里的人》的主人公)。

1. 快乐妈妈的怀抱——安全感孵化器

做了母亲的女士都会有这种体会,不管孩子怎么闹腾(这里一般指婴幼儿),只要把他抱在怀里轻轻地拍打几下,孩子便会很快安静下来。大凡当妈的都知道这个哄孩子的办法,但不一定都明白其中的道理。

孩子闹腾,无非是饿了、尿了、热了、冷了或受到惊吓,小孩子的直觉反映就是哭闹。这时他唯一想到的就是妈妈的怀抱,因为这里的温度、气味等感觉太熟悉了,"只要待在这里就是安全的"。这是动物遗传基因携带的潜意识,是人类之本能。有科学家做过实验,他们把一对刚出生的双胞胎做了对比试验,一个一直待在妈妈的怀里,另一个则放在与妈妈怀抱环境几乎一致的保育箱里,同样是用母乳喂养。几天后保育箱里的孩子就出现了明显的惊恐状态,不断哭闹、不睡觉,直到把他重新抱回妈妈的怀里,这些状况才慢慢消失。

妈妈的怀抱也不是任何时候都具有稳定情绪的特殊功效，如妈妈自己情绪不稳定（焦虑、愤怒、郁闷）的时候，妈妈怀里的孩子能直接感知到妈妈不均匀的心跳，能迅速"翻译"妈妈的糟糕情绪，也会在第一时间做出主动反馈，出现与妈妈"同步"的不良情绪。

所以，小孩子应该在快乐妈妈的怀里长大，这句话绝不是牵强附会的文艺用语。孩子一岁之前不能离开妈妈的身边，三岁之前也应该主要由妈妈照看，最起码晚上能睡在妈妈身边。幼儿园到学龄前这段时期也非常关键，这时的孩子慢慢懂得了一些道理和是非，也可能有了自己一些小性格、小脾气，有时会故意远离妈妈。但妈妈千万不要被孩子的这些假象所迷惑，因为开始脱离妈妈怀抱一定有些不适应，孩子会短时间内失去安全感，这些小叛逆或许就是对妈妈的蓄意"报复"。

记住，快乐妈妈的怀抱是婴幼儿成长的最理想环境。无论你理由多么充分，都不能以牺牲孩子的安全感为代价，因为安全感的萌芽阶段太重要了。

2. 孩子为什么喜欢哭

有些小孩子特别喜欢哭，这种现象甚至能延续到学龄期。用爸爸妈妈的话说，"就像上辈子欠他什么似的"。其实不然，现象背后必然隐藏着相关联的原因。上面我讲过，小孩子的哭闹无非是感知到了饿、湿、冷、热或是惊吓等不安全因素，因为他还不能用语言表述情绪，所以只能用哭闹来传递不良情绪的信息。

有个朋友就曾向我反映过这样的问题。他说自己两岁半的儿子特别爱哭，很烦人，孩子为这事挨揍不少，但依然不见改观，让我给分析一下原因。我知道这位朋友一直爱喝两口，且一醉就爱撒酒疯，于是推测两口子的关系也好不到哪里，就问他夫妻俩是不是经常当着孩子的面闹别扭。他说经常，我说那就不要怪孩子哭闹了，因为他感到了不安全，是用这种方式给你们发出警告。起初朋友将信将疑，以为孩子天生就是"哭白虎"（本地方言，就是诅咒家人不好的"索命鬼"），后来他因车间事故被迫戒酒，夫妻关系得以改善，孩子也渐渐不再哭了。这时候朋友才有所醒悟，明白了撒酒疯、闹别扭与孩子爱哭之间的联系。

不少幼儿园老师也反映有些小孩子特别爱哭，动不动就哭天抹泪、梨花带雨，像是遭受了多大委屈。有的小孩子看上去特别胆小，一点风吹草动就惊恐不安。一般情况下，这些显得特别胆小的孩子一定有过遭受惊吓的经历。举个例子，有个三岁多的小男孩特别淘气，竟然把爸爸珍爱的昂贵手表放到浴缸里。尽管手表防水，但爸爸依然很心疼。为了让孩子知道好歹，他把孩子抱到一个地铁入口处，假装要把他丢下。因为是晚上，那地方人很少也很暗，孩子吓得连哭都不敢了。果不其然，这之后孩子变"乖"了，再也不敢动爸爸的东西了，可从此落下一个"噤若寒蝉"的毛病，一点小事就能让他躲在角落抽泣半天。

哭，是小孩子表达情绪的正常方式，小一点的孩子是表达不舒服或受到惊吓，大一点的孩子哭，很可能是"创伤后应激反应"。做父母的一定要有所区分。

这里重点讲讲惊吓，因为它会直接损害安全感。

通常，惊吓有"明吓"和"暗吓"之分。"明吓"好理解，就是类似把孩子单独放在地铁口的威胁方式，还有就是父母或他人的直接威胁，如"再不听话就让狼来把你叼走"、"再哭就让老妖精把你吃了"，等等，当然还有一些很特殊的情况，如被性侵或被拐卖等。"暗吓"，就是某人某事让孩子间接觉察到不安全，如父母冷战、分居或离婚等。遭受"明吓"像被电击，会让孩子远远躲避他认为的不安全刺激，形成防御过度的"退缩型人格"；而"暗吓"则像蚀骨，会慢慢蚕食孩子尚不健全的心智，直至彻底丧失安全感。

3."丢掉的魂"真能被召回来吗？

不少家长或许都有过这样的经历：小孩忽然变得没精神，浑身无力、高烧不退，症状像感冒，可打针吃药却不见效。对此，很多迷信的家长就认为是孩子的魂丢了，于是病急乱投医，找巫婆、神汉煞有介事地"驱鬼招魂"。

我们不妨先看看"招魂术"的大致过程。

按照北方的风俗（"招魂术"有地域性，各地有各地的实施方式），所谓的"招魂"过程一般是这样的。首先由母亲把孩子抱在怀里或放在床上，一边抚摸孩子额头一边抓着孩子的手。如果父亲在场，则要站在门口守着。"神婆"口中念念有词，如："二蛋二蛋，你回来了吗？"这时屋里的母亲会一边抚摸孩子额头一边大声应允："二蛋回来了！"这时候，母亲往往边喊孩子边落泪，泪水往往也会落到孩子的脸上。父亲则会站在门口低声招呼："二蛋回来吧，二蛋回来吧"……如此这般，多次循环。

即便你没参与过这样的事，经过我简单描述，或许也能窥出些名堂吧？

下面我举一个真实的例子，看完后可能就彻底明白了。

五岁半的男孩小明有一天犯拧，被父亲抱到一口废弃的井边吓唬："再不听话就把你扔进去喂癞蛤蟆和长虫。"小明瞅瞅黢黑的井口，听到里面"呱呱"的叫声，立时被吓得魂飞魄散，回家后像霜打的茄子一样没了精神。第二天，他不吃不喝、高烧不退，被妈妈"确诊"为吓掉了魂。在经过上面的一个"招魂"过程后，小明好如当初，活蹦乱跳地去玩了。为此，我特意采访了小明本人和他的父母。父母对"招魂"之事深信不疑，但大家看看是小明怎么说的：

我：小明，你还记得那次爸爸妈妈带你去"叫魂"吗？

小明：记得啊。

我：你能说说过程吗？

小明：当时我躺在老奶奶的床上，妈妈坐在我身边攥着我的手、抚摸我的头，眼泪不停地滴在我脸上。爸爸站在门口不断地往这边看，他好像很担心很害怕。老奶奶在外面叫我的名字，妈妈就在屋里叫我的名字，每叫一次妈妈都会流眼泪。

我：你有什么感觉吗？真感觉有什么"魂"回来了？

小明：我不知道什么叫魂，可是我觉得那一刻很幸福。

我：你不是很害怕吗？怎么能感觉到幸福呢？

小明：因为很长时间爸爸妈妈没这样了。

我：没什么样啊？

小明：没这样看着我，没这样叫我的名字。他们总不在我身边，回家都在玩手机，都不太喜欢和我说话。

我：你是不是又感觉到爸爸妈妈疼你爱你了？

小明：是的。

我：然后你就好了，不害怕了，是吗？

小明：嗯，是的。

看完这段对话，大家明白了吧？

所谓的"丢了魂"，无非是一种心理阴影罢了，就是孩子被恶性暗示后出现的应激反应，这类似"创伤后应激障碍（PTSD）"。上面我讲过，安全感源自妈妈的怀抱。在一种特定的环境下，比如很静的傍晚时分，一个空旷无人的院子里，一声声饱含亲情的呼喊下，孩子体会到妈妈爸爸对自己的关注和爱，安全感被唤回，那些不好的记忆及表面的应激反应，会很快被好的感觉"挤掉"。

顺便讲一讲小孩子的认知问题。很多成年人喜欢拿一些可怕的言辞吓唬孩子，有的是为了震慑顽皮，有的则出于好玩。可小孩子的心智还未成熟到能分清是非真假的程度，大人说着玩的话，孩子极有可能当真。比如遇到一条蛇本来是件正常的事，可如果你说它会附体，孩子就真的认为"蛇会钻进自己肚子里"，进而发生一些奇怪反常的行为。

所以，父母持续的关注、关爱才是确保孩子安全感不失的最佳保障。

4. 趴在爸爸背上的感觉

"妈妈的怀抱，爸爸的背"是孩子向往的爱的港湾。妈妈的怀抱孕育安全感，而爸爸的肩背则会延续和放大安全感。

我曾看过一位五年级学生写的作文，题目就叫《爸爸的背》，很有感触。小作者描述了这样一个场景：凌晨一点他发起了高烧，而且一直不退，于是爸爸妈妈决定送他去医院治疗。因为他家住在一个远离街道的大杂院里，救护车开不进来，于是爸爸冒着风雨背着他向外跑。他趴在爸爸时高时低的背上，一种久违的感觉忽然涌上心头。爸爸的背是那样的结实和安全，虽然有很多汗水和雨水，却感觉无比的温暖踏实。爸爸一边跑一边叫着他的名字，那一刻他忽然感觉病好了。

后来我就经常给前来求助的爸爸妈妈们讲这个故事，提醒他们经常抱抱和背背孩子，因为那样能治心病。

亲人间肌肤相触会产生一种神奇效应。人身上最宽实的地方就是背部了，孩子趴在爸爸的背上，会产生最大面积的身体接触，也最能体味到爸爸身上的气味和温度，就像妈妈的怀抱一样。而这种温度和气味也是孩子很熟悉的，人处在一个熟悉的环境里最能感觉到安全。我们常讲"母爱如水、父爱如山"，妈妈的怀抱是柔软温馨的，就像水一样包裹着孩子，孩子体验到的是温情和安全；爸爸的肩背是厚实的，像一座坚实的大山，靠在这座有温度的大山上，孩子体验到的是踏实和更深的安全感。小一些的孩子要靠温情滋养，孩子长大一些后，就要靠坚强支撑了。

这两者，缺一不可。

5. 孩子为什么会怕黑

有些孩子总是"无缘无故"怕黑，晚上睡觉不敢关灯，甚至去卫生间都要有大人陪着。无论小孩子怎么怕、怕什么，都可以"确诊"为失去安全感的投射应激反应。大家都明白"一朝被蛇咬，十年怕井绳"的道理，这里的"黑"类似那根井绳，孩子在过往经历中一定受到过"黑"的刺激或伤害。

我曾仔细询问过一例典型怕黑案例中的当事人——十四岁的女生小红（化名），原因很直接。

小红五岁以前一直跟乡下的爷爷奶奶生活。奶奶害怕小红独自跑出去招事儿，于是一到傍晚就把院门锁上，并一再对小红说，天黑以后妖魔鬼怪就会出来找小孩吃，尤其喜欢小女孩，因为女孩的肉嫩好吃。小红当然很害怕，同时也很好奇，一直想弄明白奶奶口中的妖魔鬼怪长什么样子。一天傍晚，她趁爷爷奶奶不注意溜了出去。那时天已黑，小红跑到胡同口正好碰到一头暮归的老黑牛，和它撞了个满怀。小红没看清是什么东西，吓得大哭起来。奶奶对此很生气，一再说小红被老妖精"附体"了，小红越想越害怕，以后就落下了怕黑的毛病。小红本想会随着年龄增长慢慢就好了，可情况并非如此，直到上了中学，她仍然不敢在天黑后一个人出门。

随着二孩时代的悄然来临，孩子由祖辈看管或成常态。尤其在城郊或广大农村地区，由于绝大部分老人知识水平有限、迷信思想浓重，既缺少教育孩子的科学方法，更谈不上应激情况处理，类似小红的遭遇屡见不鲜。

孩子长时间脱离父母管理，本已让安全感有所缺失。而祖辈人的迷信灌输又很容易让未成年人的意识产生混乱。在孩子怕黑这件事上，父辈祖辈都有责任。

要知道,失去安全感后的恐惧心理是会泛化的。小红开始可能只害怕那头看不出什么模样的牛,慢慢就演化成害怕黑,再发展就会害怕所有与"黑"相关的东西,因为"黑"已经成了小红恐惧的投射源。如果不积极干预,有可能会导致严重的焦虑情绪甚至焦虑症,影响生活学习。

家长们要有一个清醒的认识,即祖辈人往往缺少科学理性的教育观念,所以要告诫老人不要对孩子灌输迷信思想。同时,要让孩子多接触社会实践,如爷爷奶奶可以多带小孩子去田间地头看看,让他们多认识一些事物,多给他们买一些科普方面的书籍画册。老人给孩子讲故事时切忌掺杂一些"聊斋"内容。

若遇到和小红一样的问题,家长应及时给予孩子科学引导,比如带孩子去看看牛的样子,告诉她牛是我们最忠实的好帮手、好朋友,可以让她骑在牛背上找找"放牛娃"的感觉,从心理上消除孩子对牛和"黑"的恐惧。

如果症状持续不退,那就要求助心理师,做一些科学疏导和治疗了。

6. 孩子为什么排斥幼儿园

不少年轻妈妈有这样的经历——宝宝不愿意去幼儿园,有的是刚上幼儿园时,有的则是去过以后。妈妈们对此很着急,情急之下也会威逼利诱,但往往见不到效果,纷纷抱怨:"我的孩子没问题啊,幼儿园老师和小朋友也没啥不对的地方啊,怎么就不愿意去了呢?"

其实,妈妈们这是不了解宝宝们的心理,这里重点普及两个知识点:

一是脱离熟悉环境后自然产生的恐惧心理。别说小孩子,就是成年人刚到一个新环境后也会有些不适应。孩子离开了熟悉的家庭环境,发现幼儿园里到处都是陌生的面孔、陌生的东西,当好奇心战胜不了小恐惧时,他们自然就会做出逃避行为。但经过一段时间的磨炼,孩子们一般都会由逃避转为喜欢的,因为幼儿园里毕竟有一大帮一起玩耍的小朋友。

二是小孩子性格方面的个体差异。有些孩子天生合群,见到小朋友兴奋得不得了,很快就能融进群体中。而有些孩子却天生拘谨内向,他们喜欢独处,不愿意和其他小朋友一起玩耍,一旦老师或小朋友强迫,就会表现出不适应,认为是欺负自己，出现逃避行为。

为什么有的小朋友适应力特强，有的就较差？为什么有的活泼好动而有的就郁郁寡欢呢？性格是个谜，需要专家们的继续探索。家长能做的只有顺势而为，在尊重科学的基础上逐步提升孩子的适应力。

孩子排斥幼儿园，先要弄清楚原因在哪里。是正常的适应问题，还是在幼儿园里受到了"不公平"待遇，抑或是孩子自身的性格问题。弄明原因后再有的放矢不迟。

适应问题不用急，时间长了自然会好起来。如果孩子在园内受到欺负，家长需要及时找老师协调处理，万不可冲动地自行解决；如果是性格问题，那就比较麻烦，这也是漫长破冰之旅的开端。家长们要及时补充相关知识，或请幼儿心理专家协助。记住，这样做目的不是改变孩子性格，而是教会孩子怎样顺其自然地适应环境。譬如，家长可以与老师沟通，找几个性格差不多的孩子一起做游戏；可以多带孩子去郊外或动物园，让他们认识新鲜的植物、昆虫或动物，让孩子们多了解大自然、认识大自然。比如蚂蚁为何要排队行走，大雁为什么要拼成"人"字飞，猴子们为何要挤在一起……目的是让孩子懂得与同伴相处的好处，慢慢增强集体意识。

7. 爸爸妈妈的冲突就是孩子的地狱

很多外国电影中会经常出现这样的镜头，就是父母当着孩子的面拥抱接吻。千万不要以为这是拍电影需要，是故意的矫揉造作，实际生活中他们基本也是这样，其中也有部分成分是有意做给孩子看的。

前面论述过，孩子安全感源自和谐的家庭环境，实际就是夫妻间相亲相爱，这是基础。反观我们自己，出于文化差异，中国的年轻父母可能不会像电影里那样做，但至少不要把在孩子面前吵架当成习惯。

当然，夫妻之间一句嘴都不吵也很鲜见，"勺子总会碰锅沿"。但在小孩子眼里，爸爸妈妈吵架极有可能就是安全感丧失的危险警报，是暴风雨来临前的雷鸣电闪。

还是讲一个例子。九岁的小强在学校出现状况，他一个男孩子竟然被一个女生打得躲在墙角哆嗦。老师面对哭成泪人的小强既哭笑不得也感觉不可思议，于是联系家长查找原因。这一找，果真查到了问题：小强父母长期闹矛盾吵架，已经处于分居状态。小强跟着母亲生活，而母亲一直在添油加醋地给孩子灌输父亲的"罪行"，在小强心目中，父亲俨然成了一个十恶不赦的大坏蛋。虽然父亲也经常带小强出去玩，给他买很多好东西，但爸爸同样向孩子灌输妈妈的种种劣迹。这让小强的价值观彻底乱了套，不仅时刻担心被爸爸妈妈抛弃，也一直在担心爸爸妈妈真的像他们相互贬低中的那种人，心理阴影面积可想而知。

我们都希望天下所有的爸爸妈妈们都相亲相爱，那是孩子成长最最需要的精神营养，但事实却并非如此。既然夫妻矛盾不可避免，那么就需要爸爸妈妈们冷静下来，站在孩子的立场上思考一下。

只要吵架，就是在剥夺孩子的安全感，这是无须争论的"铁律"。那么有没有一种既能避免伤害孩子又能彼此宣泄的方式呢？

在此，本着"两害相权取其轻"的原则，提出以下建议：

第一是"明转暗"，设法把"热战"降级成"冷战"。对孩子而言，父母之间的冷战总比"刺刀见红"好。你们完全可以采取"隔山打牛"的方式宣泄彼此的不满，如可以写信、可以发微信，但就是不能当着孩子的面直接碰撞。

第二是"转移战场"，离开有孩子在场的场合。一旦发现压抑不住火气，两人就尽快离开当下的环境，找一个地方争论争吵。一般情况下，比较明智的一方会自觉离开。

第三是"不打脸"。即便当着孩子的面吵，也不要攻击对方的"命门"，如辱骂对方的老人，揭对方的老底等。要就事论事，讲事实、摆道理才是。

第四是切忌相互贬低，这也是最最关键的一条。千万不要在背后和孩子说对方的坏话。这样会让孩子感觉家里没一个好人，安全感会彻底沦丧，极有可能形成极端人格，如"怀疑型人格"和"反社会人格"，最终会导致其人生的彻底失败。

8. 单亲家庭等于折断了"天使"的一只翅膀

居高不下的离婚率是导致儿童、青少年产生心理问题的重要渊源之一。离婚是题外话,但离婚对孩子的影响却不得不重点提及。

第一,离婚是婚姻关系的终结,其实很多夫妻早在离异前感情就已经破裂,在"硝烟弥漫、剑拔弩张"的家庭战场上,身心备受煎熬的孩子也早已成了这场"战争"的牺牲品。

第二,父母离异后,孩子大致有三个去向:随父、随母,跟随祖辈生活。随父的孩子大致有些自理能力,但失去母爱的孩子很容易形成暴力人格,易激怒,喜欢攻击他人。随母的孩子一般年龄偏小,失去爸爸的庇护,孩子战战兢兢趴在母亲怀里长大,极易形成退缩型人格,长大后没责任心、没担当,遇事退缩逃避,整个人生将昏暗无光。

第三,单亲家庭的孩子自觉低人一等,又容易遭受别人的非议和歧视,很容易被边缘化,找不到被需要感和成就感。他们情绪低落心事重重,若不能平稳度过那一段困难时期(就是父母离异后的 1~2 年),很容易出现抑郁情绪甚至会导致幼年抑郁症发生。

第四,再讲一下再婚家庭的孩子。孩子随父或母组成一个新家庭,势必会面对一个继父继母及异姓兄弟姐妹,这就是民间常说的"凑盘子局"。孩子在这样一个情感有天然隔阂的环境里,冷漠是必然结果。开始是无所适从,慢慢地开始疏远(就连自己的亲生父母都会疏远),最后会麻木不仁。在这样环境里长大的孩子会早早脱离家庭,走上一条孤独寂寞的坎坷人生路。

当然还有一种单亲情况,就是父母的过早离世。幼年丧父丧母对孩子是一种难以估量的精神打击,陷入悲伤无助中的他们会瞬间失去方向,像在黑暗中行走的羔羊,难以经受风吹雨打。这是生活强压给孩子的痛苦磨难,需要另一方亲人的加倍呵护和陪伴。

9. 噩梦是现实的意象

十三岁的初一女生瑶瑶仍然存在尿床习惯,父母和自己对此都感到不可思议。父母怀疑孩子身体有问题,可医院的检查结果却一切正常。于是大夫怀疑孩子心理有问题,建议去看看心理医生。

瑶瑶向心理师反映自己老是做噩梦,做到最紧张的时候就会小便失禁,自己很自卑、很懊恼,可就是控制不住。在心理师的再三启发引导下,瑶瑶回忆起了一个糟糕的经历,四年级时曾遭到一名体育老师的猥亵。这件事一直压在瑶瑶的心里,她不敢、也不知道怎么向父母说,可是恐惧却一直笼罩在心里,于是从一年前就开始做噩梦,总是梦到被一些凶猛动物追逐,总是被噩梦惊醒,醒来后发现褥子湿乎乎的。

瑶瑶的经历并非个案,很多曾遭受惊吓的孩子都不知道怎样向家长反映,当然更不会自我排解情绪。于是负性情绪只能往里走,也就是"自我压抑成潜意识",而"梦是化妆后的潜意识",不良情绪会"改头换面"出现在梦里。那些在梦里出现的狼虫虎豹就是恐惧的"意象物",是心理投射的结果。

噩梦也是失去安全感的直接结果,如果你的孩子总是做噩梦,那一定是受到过不良刺激。家长要查找"刺激源",弄清孩子到底受到了哪方面的不良刺激,还要平心静气地与孩子交流。如果问题源自父母,那就要及时做出自我调整;如果来自其他事件,也要做出及时应对,给孩子一个交代。如果家长无能为力,就要求助心理师,且调动一切资源解决问题。

10. 从初生牛犊到畏首畏尾

动物行为学专家曾做过这样一个实验:他们把一只小白鼠放在一个开有小洞的玻璃盒里面,当小白鼠想钻出洞口时,就施以电击。小白鼠第一次受到电击后吓得缩了回去,但它并不甘心就此失败,于是再次尝试出来,结果又遭到电击。就这样,经过数次失败后,小白鼠再也不敢冒险了,即使洞口再无电击,即使洞口已经变得很大,它随时可以轻松逃跑。

很多家长反映自己的孩子畏首畏尾,什么都不敢尝试,那么你的孩子极有可能像这只被关在玻璃盒里的小白鼠,因丧失了安全感而退缩。

家长可以进行一番反思,在孩子的成长经历中,当孩子遇到危险考验时,你是怎么实施教导的。

通常,家长们会面临两种选择:一是保护着孩子进行大胆尝试,告知孩子应注意的安全事项即可。如小孩想抓一只虫子,你要告诉他什么样的虫子能直接抓，什么样的虫子不能直接抓，不能直接抓的理由是什么；如孩子过马路，要告诉他注意两边的汽车，什么是安全距离；再如孩子的第一次考试失利，要与孩子一起总结失利的原因，避免犯同样的错误，并主动鼓励孩子。二是阻止孩子做任何尝试，并且故意夸大危险，采取威吓、恫吓等手段拒绝孩子冒险。比较经典的就是那句"不要和陌生人说话"。家长们出于保护孩子的动机，故意把家门外的环境说得很乱很糟，于是孩子就以为满大街都是坏人，到处都很可怕。

我们常讲"初生牛犊不怕虎"，受人类天生的好奇心本能驱使，孩子们都有探究未知世界的潜在动力，理论上讲就是一种冒险精神。所以，我们都见过小孩子手脚不停地摸摸这个、动动那个，这也是人类进步的原动力，没有探索创新，社会怎么发展呢？

正确的做法是，开始时，家长要和孩子一起面对"危险"，并鼓励孩子大胆尝试，在实践中教育孩子失败不可怕，关键是要从失败中吸取教训，目的是不犯同样的错误。通过言传身教，慢慢地把孩子既敢于冒险也能合理避险的探索精神培养起来。

当然，畏首畏尾的孩子也不完全源自探索精神遇阻或失败。家庭关系不和谐、得不到应有的关爱和鼓励，也是导致孩子退缩不前的原因。

第二章 被爱

第二章 被 爱

> 孩子都渴望得到父母的关注和爱护，这是成长的需要也是本能。一旦失去爱，孩子就会成为迷途的羔羊，迷失前行的方向。

11. "夫妻恩爱"是给孩子的最好礼物

不少向我求助的家长都会提出相似的问题——"我们怎么做才能让孩子感觉安全或有出息？"往往我会这样回答："你们能不能演一出《天仙配》？"这时候，家长们往往大感不解，不明白演《天仙配》干什么。

人生如戏，戏如人生，我们多数时候其实都在演戏。细想一下，在单位里、在同事朋友面前，你展示出的是真实的自己吗？可唯独在孩子面前，很多父母却会"原形毕露"，夫妻之间丝毫不顾及孩子的感受，明目张胆、肆无忌惮地发泄情绪，甚至相互攻击不留情面。有这样一对夫妻，从妻子怀孕时就开始闹矛盾，直到孩子出生、长大也"战火"不断。他们的孩子13岁时突然出现焦虑症状，休学在家无法继续学习，后症状日渐加重，最终被确诊为严重焦虑型神经症，只能靠长期服用精神类药物维持情绪。这对夫妻终于明白孩子的问题源于长期糟糕的家庭环境，可是一切都晚了。他们放纵的代价就是孩子失败的人生，可惜可悲。

若单从个人角度讲，这对夫妻也是爱自己孩子的，各自对孩子也都很好。可惜他们不明白，孩子需要的是家庭的爱，是父母的"共爱"。

夫妻之间甭管有多大矛盾，若跟孩子的健康和成长比较，都是次要的。如果连这点觉悟都没有，就不够资格为人父母。

当然，夫妻之间难免"勺子碰锅沿"，有矛盾也是常态。之所以强调要"演戏"，就是要能及时地调整情绪、转换身份，要明白自己是演员，是在给孩子演戏看。只要你能身心投入地扮演好父母的角色，就能收到奇效，孩子的身心健康就是"演出"的效果。

你觉得值不值？

12. 脏乱的网吧与没有爱的家

我曾问一个正戒网瘾的孩子："家真的比不上又脏又乱的网吧吗？"孩子是这样回答的："回到家就像回到了冰窖，一点温度都没有，我为什么要回家？"

"家"这个概念其实很多家长并不十分清晰。一所再豪华、再舒服的房子并不能代表家，家实际上代表的是和谐和温暖。这和谐与温暖当然指的是人，是人为创造出的心理现象，而不是冷冰冰的物理现象。

其实孩子们都很机灵，当他们觉察到不安全时，就会下意识地选择逃避。人的心理和生理一样，都会"缺什么补什么"。口渴时，潜意识提醒你要补充水分。而一个人如果缺少了精神需求，潜意识也会提醒你要去补充（不信你看看满广场跳舞的老人们），如被爱的需求，被理解、认可的需求，成就感、荣耀感的需求等。这些需求首先是向父母索取的，如果父母提供不了，那么孩子就会通过其他途径去寻找和补给，恰好手机、电脑里有孩子精神所需要的一切。

在虚拟的网络世界里，他们得到了爱、理解、朋友和满满的成就感，甚至是至上的荣耀感。受潜意识支配，孩子们会渐渐地去模糊现实与虚拟世界的界限。"现实太枯燥，既无聊又没劲，而网络世界里却是生龙活虎、精彩纷呈，几乎要什么有什么，你给我一个脱离网络的理由？"这是一个孩子亲口对我提出的问题，当时我真的不知道该怎么回答他，因为我还真拿不出一个切实的理由，能让这个孩子脱离"精彩"的网络，回归"没劲"的现实。

人的心理有两个基本的"驱力"，那就是离心力和向心力，这也是家庭成员之间尤其是孩子与家的关系。对孩子而言，一个家要有足够的向心力才能吸引孩子回家，而到了"叛逆期"的孩子却是有充足的离心力的，若能维持平衡还好，一旦平衡被打破，孩子就会像脱离地球引力的卫星，不受控制地漂流下去。

说到这里家长们可能会明白了,要想让孩子不脱离家庭,要想不失去对孩子的掌控力,就必须营造足够的"家庭向心力"。孩子放学后想起的第一件事,就是往家的方向跑,那么一切也就不是问题了。

13. 那些脖子上挂钥匙的孩子

我曾帮助过这样一个家庭。

父母常年在城里给人打工早出晚归,常把一个十多岁的孩子单独留在郊区的家里。孩子只能自己吃饭上学,自己管自己。有一天孩子对父母说不想去上学了。爸爸问原因,孩子唯唯诺诺不愿意回答,于是就遭到父母的一顿训斥,孩子只好作罢。一周后,孩子的家长接到学校老师的电话,问孩子为什么不去上学,家长这才知道孩子在逃学。于是不由分说就狠狠地教训了他一顿。这之后孩子渐渐有了抑郁倾向,情绪低落闭门不出,于是父母找我求助,询问到底是什么原因。

经过与孩子沟通,最终弄清了孩子逃学的原因。他脖子上挂着的钥匙是一个很明显的特征,于是被校内的几个坏孩子盯上,不断跟他索要财物,一旦满足不了就威胁恐吓。生性胆小的孩子开始逃避,不愿意上学,本指望父母能助自己一臂之力,摆平此事,没承想却是这样的结局。

我也经常问家长这句话——"你们挣钱的目的是什么?"多数人都回答说是"为了孩子"。我又问:"如果孩子失败了,你们挣的钱还有多少意义?"家长们也都回答"没多少意义"。话说回来,毕竟生存是第一要务,在生活尚无十足保障的前提下,挣钱养家的确是家庭的首要任务。但家长如果疏于照顾,把孩子的健康寄托在孩子的自律和"树大自直"上,就酷似一场押宝,赢了当然皆大欢喜,可是一旦输了,还有多少回旋的余地呢?

孩子的健康,尤其是心理健康应该摆在与挣钱养家同等的位置上,这是大道理、大智慧。

忽略了孩子被爱的需求,就等于抽掉了孩子的灵魂。

14. 隔辈抚养与变质的爱

有一段挺扎眼的视频曾被网友疯传，内容是一个四五岁的小孩在公交车上打爷爷耳光，孩子左右开弓，爷爷觍着脸嬉笑着似乎很是受用。后来据拍摄视频的网友讲，好像是因为爷爷没答应买什么东西而激怒了孙子，结果弄的爷爷像"孙子"孙子像"爷爷"。

类似视频中的现象绝非个别，因为国人的"隔辈亲"格外浓烈。而中国有很多的祖辈老人知识与觉悟水平不高，他们抚养孙辈的唯一办法就是溺爱。

有专家分析，一些青少年可能会成为知识精英，但却很难成长为道德巨人，这与当下大面积的"隔辈抚养"难脱干系。无原则的溺爱只能培养孩子"以自我为中心"的人格特质，这些孩子自私自利、偏执任性、冷漠无情、各扫门前雪，甚至门前雪都扫不干净。他们缺失了人性中最宝贵的东西，即使能成为知识精英，也成不了栋梁之材。

如今成年人总在抱怨人心不古、淳朴之风不再，可我们有没有反思过亲子教育中的缺失呢？

在这点上，我还是愿意相信"人若不经过教化很难成人"。实际上，教育的过程类似把一只狼变成一只圈养的狗，而溺爱则相当于把一只圈养的虎放归自然，让其野性重新复苏。在溺爱环境中，人的本能会肆无忌惮地复苏生长，等于让一个人恢复了野性，那他还能是一个"社会人"吗？

如果一个孩子连起码的礼貌都不懂，这已经极不正常了。更何况，连老人都敢打、都敢骂的孩子如果任其发展成为败类，很可能成为危害家庭和社会的隐患。

15. 家庭的"正三角形"关系

前面论述了"夫妻恩爱是给孩子最好的成长礼物"这个话题，这一节讲一讲什么样的家庭关系才能让爱正常"输出"。

有位妈妈早早患上了"分离恐惧症"，与儿子的关系特别的腻，如果丈夫想跟孩子亲近一下她就不舒服，为此两口子产生了隔阂，整日为争夺"爱的权利"而闹得很不愉快。其实儿子也愿意亲近爸爸，只是一直被妈妈缠着，渐渐适应了这种格局。儿子 12 岁时仍然与妈妈同居一床，直到有一天妈妈忽然发现孩子凸显的第二性征时，才意识到了有些不对劲。而儿子的性格却越来越不男不女，遇事黏黏糊糊，行动拖拖拉拉，胆小得像只小兔子。面对儿子的"退化"，妈妈既心急又束手无策，而无从插手的丈夫却在看她的笑话。

所谓的"正三角形"家庭关系，就是父、母、子处在正三角形的三个点上，也就是家庭的三个成员（以后可能会演变成正方形关系了）彼此之间的关系都是对等的。试想一下，如果任意两者之间的关系过于紧密，都会导致对另一方的疏远，无论疏远谁，都会让"家庭的爱"畸形且难以正常输出。

孩子的安全感、坚强勇敢的精神特质源于父爱，而温情柔顺的性情则多数源自母爱。但物极必反，如果一种爱过重而另一种爱偏轻，则会出现"刚柔失衡"现象，要么刚性不足，要么优柔寡断。

家庭的爱 = 父爱 + 母爱，比例应该均衡，这才是孩子成长所需要的均衡营养。

16. 警察、老师与家长

"孩子浑身是血、慌慌张张地跑进家门……如果你是爸爸妈妈，此时此刻你最应该做什么？"这是我在一次家庭课堂上提出的问题。约有 60% 的父母表示会立刻讯问原因，约 30% 的父母表示会责备孩子，只有约 10% 的父母选择"先安抚一下"。

这足可以代表大多数中国父母的态度。我们不妨分析一下这几种答案的效果和意义：

第一种，讯问原因——这应该是警察的职责，冷冰冰毫无感情。

第二种，生气责备——这倒很像管理者的态度，同样冷冰冰无感情。

第三种，安抚孩子——这才应该是父母做的事情，关爱和抚慰。

那么您是哪一种答案呢？

很多家长经常把自己的身份弄混，经常扮演"警察、管理者、老师"的角色，动辄质问、猜疑、抱怨、责备，这势必会让本应充满温情的亲子关系失去色彩。很多家长反映孩子撒谎，不跟自己讲实话，试想谁愿意跟一个关系交恶的人吐露心扉呢？人与人之间关系疏远了，自然就失去了有效沟通的基础。很多孩子在外面闯了大祸，父母竟然是最后一个知情者，这是不是悲剧呢？

曾看到过一部国外影片中的一个桥段，同样是一个浑身是血的孩子跑回家，妈妈看到后第一个动作就是把他紧紧抱在怀里，一边拍着孩子的头一边轻声安慰："宝贝别怕，你在妈妈的怀里，你很安全，没事了……"爸爸则一边替孩子擦拭眼泪一边说："孩子，你是坚强的，无论遇到什么事，我们一起面对。"

他们没有质问责备，只是满满的温情关爱，这才是父母应该有的举动。无论孩子遭遇了什么，此时此刻的他需要的是家庭的呵护，是爸爸妈妈的怀抱。如果孩子犯了错，你可以惩罚，但此刻绝不是把他推离怀抱。

最后讲一个寓言故事：孩子在降临人间时非常恐惧，因为他们对人间一无所知，于是神仙就对他们说："你们大胆地去吧，我给你们两个咒语，如果遇到危险感到害怕，你们就念咒语，马上就会有人来帮助和拯救你们，你们将会立刻变得安全。"

——这咒语就是"爸爸"和"妈妈"。

17. 关注是爱的最好表达

不少老师向我反映一个共性问题，那就是总有几个调皮捣蛋的学生不遵守纪律，弄出一些动静扰乱课堂秩序，怎么管都不见效。于是我给老师们出主意说，如果他们再闹腾，你就把他们请到讲台上给大家讲故事，你要坐到他的座位上，认真地去听。结果老师们反映这招挺灵验，纷纷问我为什么。我说道理很简单，这些孩子多数是缺少被人关注，你只要关注他了，那些毛病也就少了。

那么家长们一定要扪心自问了，你对你的孩子是否倾注了足够的关注呢？恐怕有不少家长们不敢打包票了。

家长们可能都有这样的经验：孩子小时候会拿着一个不起眼的小东西跑到你面前问这问那，直到把你问得不耐烦为止。上学后的孩子也会追着你，把看到的、学到的讲给你听，这时的你可能有些累和烦，也许你正玩着手机或做着自己喜欢的事，往往下意识地开始应付，"好了好了，自己看去，一边玩去"。日子久了你会慢慢发现，孩子不再那样向你提问题了，甚至连你主动去问，他都懒得回答了。

其实孩子向你提问题、给你讲故事，只不过是在求得你的关注和认同罢了，因为孩子是需要被关注的，这是潜意识里安全和存在感的需要驱使。一旦孩子在家里得不到关注，就容易闹出些让你大吃一惊的举动来，就如那些喜欢在课堂上闹事的孩子，他们的目的其实就是弥补这个空缺，哪怕被老师训一顿、打几下，他都会感到满足。

于是我经常要求家长们做这样一些举动，哪怕你再忙再累，见到孩子你要说这样一句话："过来宝贝，把在学校里遇到的高兴的、不高兴的事都跟我讲讲。"到了中学（青春期），孩子会主动疏远父母，这种疏远并不是不希望关注，而是一种独立需求。在确保"安全距离"的前提下，家长还是要主动地和孩子交流，最好能和孩子达成一个小小协议，如一周一次"面对面"。

如今家长们都累、都忙、都焦虑，很多家长认为只要能给孩子提供优越的物质条件，满足他们的物质需要就可以了。这是一种很严重的错误认知，其实孩子需要的并不全是物质，哪怕每晚你能给孩子留一段文字、一句话都可以。

关注，就是亲情的有效链接，不能断裂。

18. 女生为什么会早恋

我曾私下做过一个小小的调查，对10名早恋孩子的家庭做了一下大致梳理，结果没有出乎我的意料。

先讲一个因校园恋情而导致的校园斗殴事件：两个男生同时喜欢上一个漂亮的女生，而这个女生竟然脚踩两只船，左右飘忽、心神不定，经过一番暗自较量后，终于引发了一场"情敌间的公开对决"。在一场纠集校外势力、充满血腥的斗殴后，两个男生双双被学校开除，那个女生也颜面扫地匆匆转学，还被人起了个很不雅的绰号。

很多学者专家也都在研究学生早恋，尽管说法不一，但我觉得早恋其实是一种"感情代偿"现象，也就是"缺什么就补什么"的心理需求。

这个女生由单亲妈妈带大，且母女关系并不融洽。妈妈经营着一家不小的茶社，生意不错，却疏于对孩子的管理教育。很明显，这个孩子的父爱是缺失的，那么她的潜意识就会时刻提醒自己要做自我保护。怎么保护呢？显然妈妈指望不上，那么指望谁呢？当然是一个或几个能像父亲那样的男人。于是不用男生追她，她也会主动寻找目标。躺在一个高大威猛的男生怀里，她有了久违的感觉——突然安全了。她会不惜付出一切来延续这种感觉，因为这种需求太重要了。

早恋当然不属于正确的事，因为会影响学习、甚至会直接导致厌学。于是家长们往往视早恋如洪水猛兽，并且会给孩子扣上一顶"没出息"的帽子。可你有没有细想过，在成长过程中，孩子有没有得到充足的父母之爱？

当然，并非百分百的早恋都源于父母之爱缺失，但这的确是一个最重要的原因。其实家长们可以把它当成警钟，时刻提醒自己及时补充孩子需要的精神营养。

19. 请在孩子失败时给他一个温暖的拥抱

先提出一个问题——你失败过吗？你可能认为这问题特傻、特天真，谁没有失败过呢。学习、恋爱、事业、工作、家庭、交际等，不如意者十有八九。我的下一个问题是：请你回忆一下，当你第一次遭遇失败时，你的父母在哪里？他们都做了些什么？

有位求助者这样回答：当他拿着一份不合格的试卷递给爸爸时，父亲愤怒地把试卷甩在地上，"没出息的东西，你怎么好意思拿回家！"他说他的第一反应是很吃惊，继而有一种痛彻心扉的委屈和恐惧。从此他学会了在父母面前撒谎，而且一发不可收拾。他说他很清楚撒谎不好，但他不能保证每次考试都能实现爸爸的要求。

还有一个男孩，小时候爸爸一直教育他"打架不是好孩子"，于是他一直信守着"绝不打架"的诺言。可后来他遇到了几个坏孩子，被羞辱殴打。他忐忑不安地回到家，希望能得到爸爸的安慰，可爸爸见到他的第一句话就是"你真让我失望"。

那么请家长们自己回顾一下，当孩子失败时，你们又做了些什么呢？

好像家长们都明白这个道理——谁都会失败，要给孩子安慰，要鼓励。但实际情况真是这样吗？

浮躁功利是当今人们的通病，家长们都希望自己孩子是神童，都巴不得孩子不犯一点错误。这样的高期望值如果遭遇到一个平庸的孩子，失望就在所难免。当然，现在动手打孩子的少了，但唉声叹气表示失望的却并不少见。面对家长的愁眉苦脸，孩子同样失望和沮丧。

"没关系的孩子，每个人都会遭遇失败，并且会一直不断地失败下去。有爸爸妈妈在，不要沮丧和担心，有困难我们一起面对，家长永远是你坚强的后盾。希望你下次能吸取教训，不至于在同一个地方继续跌跤。"

请家长们记住这些话，把刚刚经历过失败的孩子抱在怀里，轻轻拍几下。

第三章

独立和被尊重

第三章 独立和被尊重

> 独立是成长的必然，被尊重则是成长的精神滋养。尊重孩子的独立实际上就是认可孩子独立的人格，这是家长们必须保持的施教态度。

20. 一名大学毕业生留给父母的"致歉书"

尊敬的爸爸妈妈、你们好：

当你们看到这封信的时候，我可能已到达深圳了，恕我不辞而别，因为我不忍心看到你们失望的样子。为此，先说一声"抱歉"。

从小到大，你们对我倾注了几乎所有的心血。尤其爸爸，在我很小的时候您就给我灌输要向您看齐，长大成为一名优秀的银行家。当时我真的很自豪，有您这样一位当行长的爸爸，给了我在小朋友面前吹嘘的资本，我能感觉到他们羡慕嫉妒的眼神。可是当我进入中学后，慢慢发现我的理想并不是您所希望的银行业，而是计算机。我尝试了无数次想跟您表达我的想法，可是我没能。不是我没这个胆量，而是我真的害怕看到您失望的样子。于是我刻苦努力，感谢您遗传给我的优秀智商，让我一路优秀地走下来。能看出来，您很为我感到骄傲自豪，骄傲到敢召集全行职工传授您的育儿经验。您说那天的会，甚至比任何一次工作会都有效果。

我进了大学，按您的意见我选择了金融专业，开始为将来的"行长"之路打基础。可是我真的不感兴趣，于是我一直偷偷地在学计算机编程，一直瞒着您，让您一直被蒙在鼓里。

毕业后，您顺利地把我安排在了银行，要我从基本的柜员做起。我每天坐在狭小的空间里，跟冷冰冰的货币和各色客户打交道，那种无聊和失望您是体会不到的。做了行长又怎样？难道我真的要付出一生的时间去做一件我本不喜欢的事吗？我陷入了极度的矛盾纠结之中，我不知道怎样面对未来，怎样面对这些度日如年的日子。

同学张晓宁在深圳创办了一家计算机公司，邀请我一起创业，我心动了，很想一下飞过去，做我感兴趣的事情。可是我又害怕辜负您对我的殷切希望，因为您的儿子早已名声在外，您也毫不掩饰地对别人讲"青出于蓝而胜于蓝"。

那天，我下定决心跟妈妈透露了一下我的想法，妈妈叹了一口气，希望我不要让您失望。我一度把心收起来，继续硬着头皮去上班。可是我真的心不在焉，很难集中精力应对那些枯燥无味的数字，于是我失眠了，整夜整夜面对天花板发呆。我是多希望您能理解我、尊重我，能好好坐下来跟我谈谈啊！我知道那是奢望，从小到大您都是发号施令，好像从来没有事先征求过我的意见。可是爸爸，您的儿子长大了，他有自己的理想和抱负，希望能做自己喜欢的事。"兴趣是成功的基础"，不感兴趣的事情是做不出成绩的，这不是您经常对我讲的一句话吗？

爸爸，您不知道下决心有多难。我失眠一个月，翻来覆去思考这个问题，终于得出了一个答案：我要为自己的人生负一次责任。

我能想象出您失望甚至绝望的样子。可是真的对不起了爸爸，我不能欺骗自己，不能再这样浑浑噩噩地混下去。

最后，请允许我给您解释一下"不孝有三、无后为大"这句古语。所谓的"无后"不是指没有后代，而是没有成功，我希望以我的成功来报答您的期望。

"百善孝为先。"我这次真的做了一个不孝的事情。说一千道一万，都是我不对，希望爸爸妈妈能原谅。

我不在家的日子里请二老保重，过年回家看望你们。

华强 跪谢
2007 年 11 月 2 日

这是一个儿子偷跑去深圳创业前留给行长爸爸的一封信。爸爸认为儿子疯了，拿着这封信找我来寻找答案，"我很失望，我的脸往哪里搁"？望着据说是一周时间就"青丝变白发"的行长，我有点可怜他了。

我给他一个"二选一"的题目，一个是"面子"，一个是"儿子的前程"。行长思忖半天说："我似乎明白了，我一直认为孩子是干银行的料，可一直没有征求过孩子的意见，一直自以为是。你说我为了'面子'，进门前你打死我我都不会承认。"

"其实问题就在这儿，我们以为给孩子铺就了一条光明大道，可是这条路并不一定适合孩子，所有人的路都是平行的。"说完这话，我不知道这位行长是否真的醒悟了，但希望他经过这次变故之后，能理解"尊重"这个词的重量。

21. 那个永远战胜不了的对手——别人家的孩子

中国的孩子好像都有一个永远战胜不了的敌人，他亦真亦幻、时隐时现，像武侠小说中那些身怀"九阳神功"的旷世高手。这个敌人，那就是爸爸妈妈嘴里的那个"别人家的孩子"。

一次去同学家串门，恰巧碰到同学妻子在施教四五岁的孙女。

"你看看孙阿姨家的小娜娜，人家一顿饭能吃两个大肉包子。再看看你，一口米饭都吃不下，不吃饭就不能长个子，你想变成电视里的小矮人吗？"

"我不想变成小矮人……"孩子似乎受了很委屈，放声大哭起来。

我问同学爱人，你经常这样对孩子说话吗？她说是啊。我问为什么拿那个小娜娜和孩子比较呢？她不好意思地笑了笑，"我是想给她找个榜样，这样她不就有了目标和动力了吗"。我说："你这一比较，她非但没有吃饭，反而哭了，这不适得其反吗。"她"原形毕露"地回答："这孩子就是淘气，不爱吃饭，气死人了。"

下面是一个因厌学出现焦虑症状的"问题孩子"对我讲的话：

从小，妈妈就让我向田叔叔家的小哥哥学习，只要一提到成绩，妈妈一定会把小哥哥搬出来比较，因为小哥哥的成绩非常突出，在全年级名列前茅。开始我很认真地跟哥哥学、努力追，可成绩却总徘徊在中上游。而我总害怕妈妈的那句"你看看你海林哥哥"。为了躲避这句话，我几乎想尽了所有办法，但凡考试成绩下来，我就故意不早回家。我特别希望妈妈别再拉着脸问成绩，别再说那句让我胆战心惊的话，可是我逃不过，永远逃不过。渐渐地，那句话成了我的一块心病、一个痛点，我会莫名地感到紧张，于是就失眠、做噩梦。我感觉那句话像一个魔咒，像孙悟空头上的那个金箍。

人是应该有个榜样和目标的。有些学生会暗地里树立一个追赶的目标对象，但这是孩子自己设置的，与那个"别人家的孩子"大不一样。

每个孩子都有自己的环境和条件，如家庭环境、智商水平、学习方法和学习动力等。而你的孩子也应该有专属于自己的环境和条件。这两者有可比性吗？

有些孩子就有自己发明的"学习专利"，他不是不想传授给别人，而是别人可能无法使用。我就见过一个中学生自己发明的"动物记忆法"，她竟然能把所有的字词（包括英语单词）数字都能想象成一个动物，并能编成故事。我也想学学她的"编程"技巧，可我真的学不来。其实每个孩子也都有自己的学习方法，各有各的特点。

再用爬山来佐证一下。你让孩子去爬泰山，他可能会答应，因为他评估了自己的实力，是能登顶的。可如果你让孩子去爬珠穆朗玛峰，估计他会一口拒绝，因为他很清楚那可能是他一辈子都不能超越的高度。

而"人家的孩子"就像那座可望而不可即的珠峰，当自己孩子明白可能永远都无法超越时，索性选择停下不走。

22."忠言逆耳"与"闻过则喜"

很多家长向我诉苦，说他们的孩子像天生长了"反骨"，让他向东他向西，让他撵狗他追鸡，反正就是与家长对着干，非常令人生气。

每当这时，我通常会给家长们讲一个简单的物理原理——作用力与反作用力。譬如用拳头打沙袋，你越是用力拳头是不是就越痛？对抗是一个双向发力的结果，不然根本就形不成对抗了。

我先纠正两个存在"实践偏差"的成语，一个是"忠言逆耳"，另一个是"闻过则喜"。这两个成语大家并不陌生，可是我们真的理解、真的会用吗？根据我的经验，多数人被古人给忽悠了。

试想，就算"逆耳"的话是忠言，可天底下能有几个人愿意听逆耳的话？扪心自问，你愿意听吗？家长对孩子所讲的话绝对算是"忠言"吧，但为什么孩子就是不愿意听或干脆听不进去呢？这其中的原因是：我们想当然地认为孩子应该是一个能"闻过则喜"的人，可这是连皇帝、圣人们都难以做到的事，又怎能指望一个普通的孩子做到呢？

这样一解释，你是不是有点醒悟了？虽然家长的话都是为孩子好，但因为你的话过于"逆耳"了，所以尽管说得再对、再正确，孩子也不愿意接受，因为他没有"闻过则喜"的高境界。你也没有，不然为什么你也对孩子的反对意见充耳不闻呢？

顶嘴，其实是孩子的一种抗议。他是在抗议你讲的道理吗？不是，是抗议你发号施令般的说话方式。你是不是经常会听到孩子这样讲——"你不会好好说话吗？"这个"好好说"，就是在敬告你要会说话，要讲求沟通交流的方式。

时下有句网络流行语——不在一个频道上的人一张嘴就会把天聊死。孩子顶嘴的时候，说明你和他没在一个对话频道上。"各说各话"的交流只是对牛弹琴。

家长要做的功课，就是要学会把"忠言"变成"顺耳"的话，而不是指望孩子能成为"闻过则喜"的小圣人。

23. 学习与爱好

一位"问题学生"对我讲，每当自己跟家长提出某个想法或计划时，都会被他们不假思索地予以否定。暑假期间，他本想与几个要好的同学去黄山游玩，可还没等他对父母谈起此事，妈妈已经把一份暑假辅导班计划摆在他面前。他很喜欢滑板运动，想跟父母商量着报一个这样的训练班，可是爸爸竟然下了"滑轮滑的没一个好孩子"的定论。就这样，孩子的几个爱好均被父母毫不留情地一一否定了。家长的观点是——只要学习好了一切都好。可是这个孩子的学习成绩并没有因为"全身心"投入而提高，反而一直在中下游徘徊。高考前还出现厌学症状，成绩更是一落千丈。可悲的是，此时家长仍然没有意识到问题的成因在哪，把责任全部推给了孩子和学校。

"分分分，学生的命根儿。"在"一分定乾坤"的应试教育环境里，考试分数自然成了家长学生追寻的终极目标，普遍认为只要能把成绩搞上去，其他都不是问题。但家长却往往被现实打脸，那些一门心思趴在课本上的孩子往往成绩并不理想，甚至会提早败下阵来。

我做过简单的调查对比，很多学习优秀的孩子，几乎都有一到两项很突出的课余爱好，如篮球、足球、书法、绘画、音乐等，还有喜欢读大量的课外书籍，喜欢旅行等。

借助这个话题，给家长们普及一个"刚刚好"的适度原理。

你在一张A4纸上随便写一个字（最好是工整的字），请你全神贯注地盯着这个字，坚持十几秒钟。这时会出现什么现象呢？是的，你会忽然发现，这个字已经不像那个字了。你再把这张纸翻过来，扣在桌子上待上半分钟，然后再翻过来看看，那个字又很像那个字了。

这个实验的原理非专业人士不好理解，但家长们一定明白"物极必反"的道理吧。学习亦然，当你过度关注成绩时，反而得不到想要的结果，因为你太紧张了，大脑在紧张状态下的工作效率是会大打折扣的。工作讲求"劳逸结合"，学习也要"一张一弛"。那些有课余爱好的同学，其实是摸到了大脑的工作规律。看似与学习不搭边的爱好实际上是让大脑在"高效率的休息"，它与学习活动相辅相成，形成相得益彰的良性互动。

所以，刻意培养孩子的几项爱好非但不会影响学习，反而会提高学习效率，同时还能开阔视野，增长见识。何乐而不为呢？

24. 我要学与逼我学——那些辅导班里的故事

我的团队曾做过这样一项调研。我们随机挑选了10名参加辅导班学习的孩子，与随机挑选的同年级10名没有报辅导班的孩子做了一个对比，得出的结论可能会出乎家长们的意料。即参加辅导班的与没有参加辅导班的孩子的（英语）成绩并没有实质性的差异，就是说参不参加辅导班，差不多一个样。

家长们可能要提出质疑了，"学总比不学强吧"？可是，这真的要看怎么学了。

先问家长们这样一个问题——你知道孩子学习不理想的根本原因吗？这问题可能会有不少答案，如孩子笨、不听话、不认真学等。就此我们简单分析一下，看看哪个答案比较靠谱。

笨，实际上是智商问题。如果你的孩子智商确实偏低（这需要有专业机构的专业测评），如思维迟钝、记忆力缺失等等，这属于发育（遗传）硬伤，即使给孩子找特级教师辅导，也不能弥补孩子的遗传缺陷。当然这种情况较少，多数还是孩子对学习的认知有问题，不愿意学、不主动学，缺少动力、消极应付。而这样的孩子即使给他们报了辅导班，他们就能转变学习态度吗？估计很难。

反过来讲，如果孩子不笨，又有良好的学习认知和学习动力，那么课堂上所学的知识应该都能当堂消化掉，再去辅导班实在多此一举。

说一千道一万，学习是一个态度问题。家长的主要任务是帮助孩子树立正确的学习认知，这是根本。

所以，家长们从一开始就要告诉孩子，学习是你自己的事，学好学坏只能自己负责，将来是否有出息、有前途也取决于自己的选择。

辅导班只能帮孩子弥补损失的时间，而不能帮孩子选择态度，更不能弥补情商。对那些平时不知道学、不努力学的孩子，如果家长完全把希望寄托在辅导班上，会事倍功半的。

25. 拇指和食指

我在做集体辅导时，经常会教孩子们做这个"拇指与食指"的小游戏。

我会指派一名学生坐在由数名孩子围坐的中心点上，游戏开始，让周围的孩子们同时伸出食指指向中心那个孩子的头，让这个孩子体会并说出感觉。一般情况下，很少有孩子能坚持一分钟，他们会闭上眼睛捂着耳朵，甚至会大喊大叫——我受不了了！别这样指着我了。于是，我会让那些伸食指的孩子换成拇指，再让中间那个孩子体会感觉。这时的孩子会立马停止歇斯底里，脸上迅速多云转晴，露出欣慰和自豪的表情。游戏结束，我会让中心点上的孩子谈自己的感想。他们都说从中体验到两种截然不同的感受：一个天堂一个地狱。

看到这里，家长们不妨回忆一下，在孩子成长的过程中，你扮演的到底是哪一个手指头呢？有位做完游戏的妈妈告诉我，她很惭愧，因为孩子几乎是在她的食指指点下长大的，孩子很叛逆，现在根本不听自己的话。我问她是否明白了其中的道理，她苦笑着说，一切都晚了。

好孩子是鼓励出来的，可如何做好却是个问题。我曾在超市里目睹过这样一幕：一个看上去有七八岁的孩子不小心在电梯口摔了一跤，把提着的东西撒了一地。小孩子摔跤本来是件很正常的事，也最需要妈妈的谅解和鼓励，可是这位妈妈却当着很多人的面指责、羞辱孩子。孩子很委屈，用很复杂的眼神看着妈妈。这眼神我能读懂，可惜这位妈妈读不懂。

记得在看守所见过一位因打架斗殴被收审的初三男孩，我一眼就能读出这个看上去精壮威猛孩子的孱弱内心。我问他是不是自小到大很少听到父母的鼓励，他回答说，别说鼓励了，我就是在父母的不断否定贬低中长大的，哪怕听到一句"差不多"都会感动很久。可惜的是，这种现象很普遍，很多中性词也都成了父母口中的奢侈物。

人格成长是一个不断添砖加瓦的过程，而这些砖瓦当然需要高质量高品质。一个高尚健全人格更需要"鼓励""肯定"等高品质材料来巩固和建设。

否定和贬低等于在人格构建中使用了劣质建材。生理年龄像建筑的外形，而心理年龄则像内在的质量，哪个更为重要一想就明白。

26. 书房是孩子的私人领地

有位家长与我约谈，说发现了孩子的"惊天秘密"，需要找我这个专家分析分析。

这位妈妈鬼鬼祟祟地来到工作室，神神秘秘地拿出一个笔记本，翻开一页让我看。我问这是谁的笔记本，她说是女儿的，我又问她是怎么拿到的，她说是偷出来的。

我强压着火气对她说，里面什么内容并不重要，我需要告诉你的是，你这种行为很不好。她有点莫名其妙，说不采取这种办法怎么能了解孩子的动向，真出问题怎么办？妈妈看看孩子的日记有错吗？

我被这位妈妈的举动逗笑了。在看这本书的家长是不是也会用这种办法了解掌握孩子的动向呢？

我曾提出一个叫"屋权"的概念，大家琢磨一下有没有道理。一个家庭里面的房间是有不同意义的。譬如客厅是会客的地方，当然允许客人们莅临光顾。而卧室就不然了，很少有客人贸然走进主人的卧室参观，除非受到主人邀请。那么孩子的小卧室呢？一般孩子的卧室与书房同在一个房间，那么这间屋子的使用权就应该属于孩子，属于私人领地，不经过孩子同意，大人是不应该随随便便进出的，这是对孩子最起码的尊重。

家长们可能认为我讲的有些严重，很多家庭压根也没有什么"屋权"概念，就像这位求助的妈妈，打着关心孩子的旗号偷出了孩子的日记。我问她如果被孩子发现你动了她的私人物品，后果会是什么。她支支吾吾地回答说"不堪设想"。于是我说，趁孩子还没发现，你赶紧把日记放回原处，不然真会把问题弄复杂了。

日记，记录的是一个人的心路历程，是自己的秘密，绝对属于隐私权。如果说维护"屋权"靠的是自觉自律，那么隐私权就受法律保护了。

家长们切记，尊重是沟通的前提，隐私权神圣不可侵犯。无论你打着什么旗号，都不能践踏孩子的尊严。

27. 唠叨 = 不自信 + 强迫

在一次家长学校的讲座中，我提出过这样一个问题——你是一位唠叨的家长吗？对此，多数家长不置可否。借用一位妈妈的话："我们家长的每句话都是为孩子好，我们苦口婆心千叮咛万嘱咐为了啥？我们就剩把心掏出来给孩子看了。"这些话想必大家都很熟悉吧，可效果怎样呢？效果才是沟通的关键。

那么，家长们的话为什么会成了孩子认为的"唠叨"呢？

我经常会把这两句话挂在嘴边，一句是"真理是伟大的废话"，还有一句是"真理不能重复"，差不多一个意思。家长们对孩子说的话差不多都是"真理"吧，可为什么不起作用呢？因为你总是自觉不自觉地在重复，于是在接收者那里，你嘴里的"真理"就成了让人心烦的废话。没有人愿意听废话，那为什么要强迫孩子愿意呢？

当一个人不自信时，表现出的往往就是过度谨慎和不断重复。千叮咛、万嘱咐也就变成了唠唠叨叨的强迫，像一只盘旋在别人耳边的苍蝇。

唠叨是种病，是一种普遍存在于中国家长身上的通病。教育当然要讲求效果，但习惯于唠叨的家长重视的却只是过程。如此舍本求末注定会导致事倍功半，甚至会适得其反。

28. 请不要随便打断孩子的讲话

　　我曾应邀去一户人家做家庭咨询，顺便观察了一下他们家的情况。一家三口都在，看到我以后都很兴奋，像见到了主持正义的法官，都抢着发言。但那个十二岁孩子明显处于弱势，在一个小时的时间里，根本没争到什么发言的机会。离开时，我故意让孩子下楼送我，在楼门口我问孩子："在你们家，是不是都是这种情况？"他叹了一口气回答："我根本就没有发言权。"

　　问题不查自明。一个没有孩子发言权的家庭，一定缺少民主气氛，甚至存在"霸权主义"。这种家庭环境必然暗流涌动、危机四伏。

　　现在也请读者回顾一下，当孩子想要表达自己主张时，你是否能认认真真地把孩子的话听完。

　　中国家长喜欢以大自居，经常把"吃过的盐比你吃的面粉都多""走过的桥比你走的路都长""不听老人言，吃亏在眼前"等几句话挂在嘴边。可这样的家长忽略了如今孩子的成长环境。

　　"放养时代"的孩子受教育资源等因素局限，启蒙和发展得的确有些晚。现在不同了，如今孩子普遍早熟，接触知识早且面宽，视野也广。孩子们在中学所学到的知识，已经超出了很多家长的"知识库"。而那些家长眼里的"老经验"也早已经不住推敲，时代在飞速发展，而家长们的观念更新却远远没能跟上。

　　实际上，家长不愿意听孩子讲话是潜意识里的"自尊"在作怪，自尊就是面子，就是家教、就是天。但若仔细琢磨，这看上去比天大的面子其实不过是"自卑"罢了。家长们不甘心被孩子超越，他们觉察到了失去权力的危机，只能死死地抱着那根形同虚设的"权杖"不放。而真正的自信不在于外在的虚张声势，跟孩子争面子既可悲又可怜。

　　倾听是一种尊重，更是一种美德，学会倾听孩子的主张，非但不会降低家长的身份，反而能赢得孩子的尊重和尊敬。

　　倾听，实际上是一种高段位的修为。

29. 一句让孩子变得优秀的神奇咒语——"我相信你"

先讲个故事。

在战场上,有一名连长率领连队吃了败仗,垂头丧气地来到营长面前听候处分。营长看了看他说:"一次失败说明不了什么,胜败乃兵家常事。"连长信心满满地走了,结果又在一次战斗中被对方伏击,他再次来到营长面前等候处分,可营长只是给他分析了战局,临别时说了一句"我相信你能打好"。在一次非常关键的攻坚战中,所有的进攻部队几乎都被打垮,唯独这位连长率领的部队却摸到了敌人的指挥部,打掉了敌人的"神经中枢",扭转了整个战局。战后营长找到这位连长,问他哪来的这股勇气。连长笑笑说:"谁叫您这么信任我。"

这句话道出了那位连长的心声。是的,信任是一股说不清、道不明的巨大动力,"被信任"是一种自豪和责任,因为对方看得起你、器重你,才会信任你,这说明你还是一个值得托付的人;而信任一个人首先是尊重对方,再就是探测到了对方的巨大潜能,也懂得了怎样去挖掘其潜能。

很多家长不明白孩子为什么缺乏进取的动力,原因固然很多,但主要因素在于家长没有发现孩子的潜能,更谈不上找到点燃、激发潜能的"导火索"了。

孩子会失败、会气馁、甚至会自暴自弃,但这并不说明孩子已丧失了内在的潜力,他只是被某种东西卡在了"瓶颈"处。是什么讨厌的东西呢?就是那些看似经意或不经意流露给他们的"失望"。

"我相信你。""我们相信你能把事情做好。"在孩子失败时不要跟着垂头丧气,一定要用正向鼓励的语言,还要给孩子充足的修正时间。

把失败的孩子叫到跟前,给他一个温情的拥抱,"没事孩子,失败很正常,这是在提醒你要调整方向了,爸爸(妈妈)相信你,你仍然是爸爸(妈妈)心中那个很棒的孩子。"

把这句话记下来,关键时候能用得上。

30. 关于"家庭圆桌会"

还是先提个问题：家长们明白"圆桌"和"方桌"的不同含义吗？

年纪大些的人可能明白，用方桌待客是有讲究的，不同身份的人应分别坐在哪一个边上，比如主人、主宾、副宾、陪同等都有很多讲究，主要是为彰显地位和身份的不同。但圆桌就没那么讲究了，主客随便坐，哪一个位置都差不多。你可以留意一下联合国或区域性组织领导人会议，都是圆桌会。它的寓意很明显，国家不分大小、领导人身份也没有高低之分，权利和义务都是公平的，不存在歧视的成分。

我经常提醒家长们要形成"家庭圆桌会"制度。什么意思呢？就是要定期或不定期地组织家庭成员坐下来，就近段时间家里发生的一些事情展开公开公正地讨论。所谓"圆桌"，就是让孩子有一个平等的参与身份，给孩子同等的表达机会。同时我也建议实行"轮值主席"制度，就是由家庭成员轮流主持会议，不能让一个人长期把持权力太久，以免滋生一言堂的"官僚主义"。

开会时，"轮值主席"要公布会议纪律和进程，如发言的次序、发言的长度、语言的运用等，规定不能无故拖延时间、不能使用污蔑和不敬的语言等。

这样看着像演戏的"圆桌会议"，其实很有现实意义。因为这个"局"的布设是在表明家长的管理态度，是在彰显家庭的民主气氛——我们是平等的。

在这种环境中成长起来的孩子，不仅懂得尊重，也一定充满自信。

31. 彼此平行的人生之路

一个家庭里会有三条或多条人生路。一是爸爸的路，二是妈妈的路，再就是孩子们的路。它们彼此平行延伸，一直到各自生命的终点。

我认识一位家长，是一位职位不低的政府官员，孩子小时候他就预言"这是块走仕途的材料"，并给孩子设计了一幅"成长路线图"——小学中学看什么课外书、从事什么活动，高中分科时要学文科，大学要选择有行政管理系的院校，等等。结果孩子一天天长大，却对爸爸的"路线图"丝毫不感兴趣。填写高考志愿时，孩子竟然偷偷报了一所有生物系的学校，因为他从小就对昆虫感兴趣，志向是当一名生物学家。这可与家长的期待大相径庭，他父亲恼羞成怒，扬言要与孩子断绝父子关系。

还有一位家长，是一位中学教师，她希望自己漂亮的女儿将来能成为艺术家。于是从小就按艺术生培养孩子，舞蹈、绘画、钢琴、游泳……凡与艺术搭边的辅导课门门不落。结果孩子在一所艺术类大学毕业后，竟然与同学合伙开起了网店。妈妈追到女儿所在的城市以死相逼，但最终也没能改变孩子的选择。于是她逢人就讲"教育失败、教育失败……"相信她不知道自己究竟失败在哪里。

孔子曾说："有教无类，因材施教。"教育的实质就是要发现和挖掘每个孩子的特质和潜能，顺势而为、顺其自然地引导孩子去做自己感兴趣的事。只有感兴趣的事情才能学好做好，才能"闻道有先后，术业有专攻"，才能培养出专门领域的拔尖人才，为社会进步和科技发展贡献力量。

一个人只要感兴趣，捡垃圾都能捡出一个百万富翁；但如果没有兴趣，即使从事着无比风光体面的职业，也很难做出成绩。

32. 孩子的起跑线在哪里

近些年，虽然已少有人再提"不要让孩子输在起跑线上"，但在不少家长们的潜意识里，这句话却根深蒂固得像钉在树桩上的钢钉。那么我问家长们一个问题：这条"孩子的起跑线"在哪里？又是谁给画出的呢？

一般情况下，家长都会给孩子设置一个大致目标，并鼓动孩子认可并为之努力，如艺术家、科学家之类。同时，家长也会鼓励孩子设定一个可比较、能赶超的小目标，如某某同学。家长认为，你与某某同学的起跑线可是同一条，这总有可比性吧？

还是说成绩。我先帮家长们捋一捋，孩子的学习成绩都取决于哪些因素。大致说来，家庭环境、学习环境、价值观、适应力、智商、情商，以及师生关系、学生关系等，这些因素几乎需要统统具备，才能取得一个理想成绩。那么我们随便拿两个孩子对比一下，看看有没有可比性。就说双胞胎吧，客观条件肯定差不多，可为什么还是会有差别呢？

我经常跟家长们开玩笑说，如果你非要拿自己孩子跟别人家孩子比，说明你已经错了。因为跟好的比,可能自愧弗如;跟差的比,可能又不甘心,究竟应该跟谁比呢?

在家庭资源、社会资源、物质资源方面,咱们能和那些一生下来就不用考虑资源因素的孩子相比吗?譬如,人家孩子的父母是大学教授,人家孩子的父母是亿万富翁,他们能给孩子提供一切可能的学习资源,我们能比吗?

所以说,孩子们的起跑线本来就不在一条线上,极有可能发令枪一响,人家已经领先很远了。

记住这句话——"唯一可比的就是自己的昨天"。如果真有那条起跑线的话,可能就在你自己脚下,而站在起跑线上的,也只有你自己。

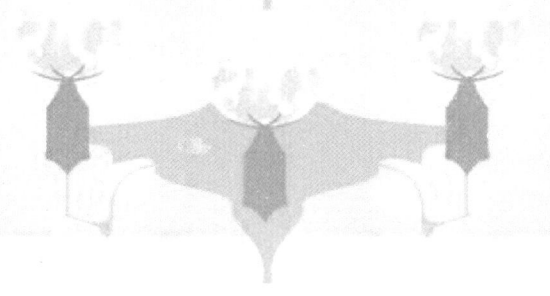

第四章

被需要感

第四章 被需要感

> "被需要感"是孩子成长的原动力之一。一个丧失"被需要感"的孩子会自认为是家庭的"附庸",是一台被家长利用的"学习机器"。

33. 记住,孩子也是在陪你慢慢成长

有位家长(妈妈)向我哭诉养孩子的不易。她说自己倾尽所有,甚至不惜放弃喜欢的事业去另一个城市陪读,可孩子却并不怎么领情,甚至对母亲的付出视而不见。这位妈妈很伤心,觉得自己很失败。

于是我问她,你现在觉得很委屈,难道在养育孩子的过程中就没得到过快乐吗?她回答说有,细想起来还很多。孩子小时候天真活泼,非常讨人喜欢,自己也乐意抱着她走亲访友,看到别人夸孩子漂亮懂事,自己也高兴得不得了。孩子在学习上也很争气,当她把一张张标记着优秀的试卷拿回家时,我都会高兴得不知所措。孩子也不吝啬,喜欢拿自己的玩具与小朋友们分享,很多孩子都喜欢和她在一起,认识的人都说我养了一个有出息的孩子……这位妈妈滔滔不绝说了很多,喜悦自豪溢于言表。

我对她说,你感觉是在陪孩子成长,实际上孩子也是在陪你慢慢成长啊。一句话把这位妈妈说愣了,因为她从来没有从这个角度思考过。

多数家长可能都会这样认为:我们是在抚养孩子一天天长大,是在无私地单向付出。如果这样想,就很容易心理失衡。

抚养孩子的确是一个非常艰苦漫长的过程,如果这个过程只是奉献而没有回报,势必会让家长感觉疲惫不堪。尤其当孩子出现问题时,家长会觉得自己的付出已全部付诸东流了。

我们抚养孩子实际上有两个目的:一是将孩子视作生命的延续,培养"接班人"；二是享受抚养孩子的过程，这往往会被家长们忽略。在一天天成长的过程中，孩子们总会给家长们带来不一样的惊喜。从孩子的第一声啼哭、第一声笑，到孩子第一次喊"爸爸""妈妈"，第一次读出一个字、写出一篇文章，又有哪一个节点不让家长充满惊喜快乐呢？如果没有看到这些，养育孩子还剩多少意义与乐趣呢？

为什么如今不少家长对孩子感到失望呢？因为现在成年人的功利心太强了，他们急功近利、唯利是图，恨不得每一次付出都能立刻见到回报，他们剥夺了孩子自然成长的快乐，反而把一顶顶"不听话"的帽子扣在孩子头上。

抚养孩子是一个"双向付出、彼此收获"的过程。开始是家长付出，孩子用健康成长回报家长；慢慢地变为孩子付出，家长收获成就感和天伦之乐。这里面不存在"单向"问题。

记住，孩子的健康成长就是对家长付出的最好报答。而未来的路需要孩子自己去走，基本与家长没啥关系了。

34. 家长有资格替孩子做决定吗？

有位刘姓家长找到我，说孩子总喜欢看些乱七八糟的书籍，如那些描写动物的和玄幻的。老刘感觉那些都不是什么好书，就硬生生地把那些书处理了。孩子得知书籍被爸爸当废纸卖掉，当场就跟他翻了脸，不仅中断了与家长交流，长时间闭门不出，甚至还出现了逃学征兆。

我问了老刘一个问题："孩子是你的家庭成员吗？"老刘听了很诧异，嘟嘟囔囔地说这是废话。于是我紧接着追问，既然他是你的家庭成员，为什么不跟孩子商量就擅自做出决定？老刘说，这还商量啥，明摆着在耽误时间吗，如果不及时制止，后果谁来承担？

相信不少家长都有替孩子做决定的想法和行为，并且会打着"一切都是为孩子好"的旗号。殊不知你的这种行为已经否定了孩子的家庭成员地位，扼杀了孩子的独立人格。

每当高考结束，每个家庭几乎都在上演一出剧情类的大戏，那就是孩子的志愿填报。很多家长都会擅自替孩子做决定，并自以为是地拿老经验说事。很多孩子慑于家长的权威或看上去务实老道的经验，只能顺从家长的意见，填报了一些热门的看似有发展前景的志愿。但实践却证明，根本没有什么持久的热门行业，今年的"热门"搞不好就成了明年的"冷门"。而家长的喜好也不一定是孩子擅长并感兴趣的东西，真到了学无致用的那一天，肯定双方都会后悔。

"自己喜欢的才是热门"，只有孩子感兴趣的专业，才有可能学出成果、做出成绩。如今是一个多元化社会，分工越来越细，可选择的职业也会越来越多。如养老事业正在成为朝阳行业，如果孩子喜欢，完全可以独立闯出一条路子，做一个崭新行业的领军人物。如果只是走别人早已踏出的路子，注定会少了很多成功的把握。

所以，孩子在做选择时，家长能做的只是提供客观的参考意见。当然，如果孩子真的处在模棱两可的状态，也不妨帮助孩子客观清晰地研判形势，跟孩子一起做出选择。

35. 学习，只是孩子生活的一部分

"只要你能把学习搞好，家里什么事都不用你管。"你是不是也经常对孩子讲这句话？那么你明白这句话对孩子的意义吗？它是代表希望、重视、未来吗？如果你真的这样想，那么说明你真的不懂孩子。

我曾与很多这样的孩子，尤其是被家长把学习安排得满满的孩子谈过这个问题，得出的结论基本一致：他们普遍感到紧张、焦虑、被禁锢，最最关键的一条是"感觉自己就是一台学习机器"。

那么家长们是不是真的把孩子当成学习机器了？看一个指标就可以——你给孩子安排了多少玩的时间。

我们来看看一个普通中学生的时间安排：早晨六点半吃完早餐去学校，中午回来吃午饭时还可能带着作业，晚上回来吃完晚饭开始做作业，一直到十点十一点，洗洗澡睡觉。周末可能会休息一天，但那一天还极有可能被家长给安排上各种各样的辅导班，几乎是满负荷学习。

你估算一下，这个孩子究竟有多少属于自己的时间？他像不像一台高速运转的机器呢？

虽然，学校的安排家长没办法改变，但家长对孩子的要求却是可以调控

的。实话实说，现在孩子的课业量已经够多了，只是完成老师布置的作业就已经很累了，家长应该多让孩子挤出时间玩。你可能认为这只是一句"风凉"话，但我们已经论述过，不会玩的孩子一般都难以保证学习效率。

培养孩子的一些课余爱好究竟好不好，是没必要争论的话题。亲情、友情的培养，道德、情操的培养，高品质情商的培养，这些东西单纯从书本上学不到，但却是孩子成长不可或缺的东西，需要在课外的实践中获取补充。

单从学习效率角度考虑，只有劳逸结合、一张一弛，才能让大脑的运转发挥到极致。若从孩子心理健康的角度考虑，健全人格的培养才是成长的关键。

记住，学习只是孩子生活的一部分。弓满自崩，物极必反。

这是规律。

36. 你会说"孩子，我需要你"这句话吗？

估计一般家长说不出这句话，因为放不下面子，好像说出这句话就有失家长尊严。

先来看一个真实的故事：

有一位妈妈曾向我求助，说自己十四岁的女儿开始逆反，不仅厌学、玩手机、懒散成性，还经常与家长顶嘴。在后来的疏导过程中发生了一件事，让整个局面发生了逆转，起因是这位妈妈突发阑尾炎住院了。

由于丈夫远在外地工作，开始妈妈很担心女儿不能自理，因为孩子从来都是衣来伸手、饭来张口。可让妈妈始料未及的是，当晚女儿就将一碗可口的荷包鸡蛋汤面送到妈妈身边。妈妈很是吃惊，问她是从哪里弄的。女儿说是自己亲手做的，见妈妈不信，就详细地给妈妈讲了做面的过程。妈妈心想：眼前这个沉稳干练的孩子是自己的女儿吗？怎么一夜之间长大了？激动之余，妈妈说了句："妈妈也有些离不开你了。"孩子替妈妈擦了擦眼泪回了句："我等你这句话等了很久，我发现自己还是一个有用的人。"

"被需要感"是孩子学习成长的基本动力，可惜那些整天被家长老师摁在书桌上的孩子，很少能找到这种感觉。我跟不少求助的家长传授过这一招，就是学会在孩子面前适当示弱。

故事里这位平时很强势的妈妈忽然生病住院，实际上等于失去了平时的威严，因需要人照顾自然就成了弱势群体。而这时候的孩子则忽然意识到了自己在家里的重要性，责任感会油然而生——"妈妈生病了，我要照顾妈妈了……现在妈妈需要我了，我不能再让妈妈失望了。"这说明，处在某个特殊时间段的孩子会瞬间成熟起来并不是传说，孩子并非没有这个觉悟和能力，只是平时没有人需要他而已。

这就又引出一个焦点问题：到底是孩子不愿意长大，还是家长不让或不希望孩子长大？实际上，现在的中学生几乎什么都会，只是"英雄无用武之地"罢了。家长不让或不需要孩子去做力所能及的事，就等于压制住了孩子的成长和潜能。

要学会对孩子讲"这个家真的需要你"，"爸爸妈妈也需要你"这些话，因为这是一剂"成长的强心剂"。

37. 你会让孩子干家务吗？

这是老生常谈的话题，但仍有很现实的意义。

实际上孩子整天上学已经很累了，让他们适当休息也理所当然。但做家务的意义却不仅局限于体力劳动上，而是与孩子"被需要感"的培养密不可分。譬如，让孩子自己洗内衣，打扫自己房间甚至是整个厅厨的卫生，做一次简单的饭菜，帮家长洗碗等，都是有益的。

上面我讲过"家庭成员"这个概念，如果你不让孩子做家务，那就等于在精神上把孩子给边缘化了，只有每位成员都参与的家庭生活，才能构成一个"感情整体"，孩子也才能真正体验到自己的家庭地位。

孩子与家庭的感情链接非常重要，那么这个起关键作用的链条是什么？是家长督促下的"被动学习"吗？非也，孩子只有在洗衣服、打扫卫生时，才能体会到家庭的"融入感"，不然这个家就与仅提供食宿的宾馆无异。

我一直鼓励孩子们做家务，并且可以实施奖励，多劳多得、不劳不得。这样既可以培养孩子的理财意识，又能加强与家庭的感情连接，还能提高自理能力，何乐而不为？

38. 你会当着孩子的面玩手机吗？

一个手游成瘾的中学生对我讲过，他之所以对手机感兴趣，完全"得益于"家长的"谆谆教诲"。因为每次回到家里，他都会看到同一个相似的情形——父母二人坐在不同的角落玩手机。本来有一肚子话想对他们讲，可看到他们乐此不疲的样子，瞬间就没了欲望。一来二去的，自己也就与手机产生了链接。开始是好奇，想知道里面到底有什么比儿子还重要的东西？"进去"后慢慢明白了，原来自己在现实世界中得不到的东西，里面竟然都能得到。于是他就一发不可收拾，沉迷于手机难以自拔了。

有一篇小学生作文曾一度成为"网红"，题目是《我的梦想》。作文中写道，我的梦想就是想变成一部手机，因为只有那样，爸爸妈妈才能把我时刻捧在手里、抱在怀里，才能像对宝贝一样地爱我疼我……

手机在给公众提供生活方便的同时，也让广大青少年面临着强烈的诱惑。为什么那么多孩子沉溺于网络不能自拔？社会在反思，家长们更需要反思。

我曾接触过一位手机依赖症的妈妈，她说因为很无聊，不看手机不知干什么。我说还有很多的事可以做啊，如看书、跳舞、听音乐、交友、健身、做美食，还可以画画可以写作，为什么偏偏抱着手机不撒手呢？她回答得很直白：看手机简单。

因为生活无聊或乏味枯燥，或出于懒散成性、推诿任性，很多成年人都与手机搭上了缘分。家长打发无聊的时间本可以理解，问题是这种行为在潜移默化地影响孩子。亲子关系往往会被家长和手机联手"绞杀"。

整天捧着手机逛网店、抢红包、刷存在、看八卦绝非好习惯。

为了孩子，请家长们要自爱节制。

39. 不要做最后一个知情者

这个话题，源自一个真实的故事。

十五岁的中学生小奇因校外聚众斗殴被派出所收审，小奇爸爸接到警方通知时，还以为是诈骗电话。核实后他简直不敢相信自己的耳朵——这不可能！一定是搞错了，孩子一定是被冤枉了。

小奇父母匆匆赶到派出所，听过值班民警通告的情况后，他们依旧不敢相信自己的孩子能做出如此荒唐的事。因为在家里，小奇看上去乖顺得很，很少让父母操心。

他们找我寻找答案。我问小奇父母，你们真的了解孩子吗？请你总结一下孩子的五个优点和缺点。小奇的父母有点蒙，只能说出孩子很听话、学习尚可，别的没了。妈妈补充说，我们都很忙，跟孩子沟通很少，孩子也从来不主动和我们说话。我们满以为孩子成熟了，能自己管理自己，于是他的一些事我们也就懒得过问。

很多家庭都存在类似小奇的情况。孩子在外面闯了祸，最后一个知情的竟然是父母。是孩子"隐藏"得太深、还是父母压根就不了解这个"潜伏"在身边的孩子？我让小奇父母回忆了一下，有没有孩子主动要求与家长沟通的时候，那时候家长都做了些什么。小奇妈妈说有，但好像并未在意孩子的问题和意见，甚至觉得孩子有点故意缠人、有点招人烦。以后孩子不粘自己了，就觉得他长大了，有自己的思想和主意了。

亲子之间中断沟通，就等于彼此都把对方边缘化了。家长们能体会到被边缘化的感受吗？这里不妨假设一个情形：如果你忽然得到一个消息，说和你最要好的、经常在一起玩的几个朋友昨晚在聚会，而你却没有得到任何形式的通知，你会做何感想？失落是肯定的，然后是郁闷，甚至会慢慢迁延成恨。你会想，他们为什么不理我，是我没用？还是他们在预谋什么？不理我拉倒，我要自立门户，我要做出点"惊天动地"的事情来让你们刮目相看。成年人都有这样的想法，那么孩子们呢？前面讲过，每个班级里都有几个喜欢搞怪的孩子，为什么？因为没人关注他们，他们被边缘化了。

父母与孩子生活在同一个屋檐下，可彼此却形同陌路，是十分可悲的。开始可能是父母在疏离孩子，可到后来，孩子就会疏离父母了。

沟通，是维系亲子关系的唯一桥梁，也是孩子健康成长的唯一生命线。

第五章
成就感和荣誉感

第五章 成就感和荣誉感

> 成就感和荣誉感是孩子成长的高层次需求，也是学习的最强动能。从快乐学习的角度讲，家长的任务就是要培养孩子的这两种感觉。

40. 请让孩子给你上上课

家长们习惯于向我讨教激发孩子学习的"落地"方法，我往往会建议他们设立一个"家庭小课堂"制度，尤其是低年级的孩子。所谓制度，就是家庭成员都要严格执行、不能随便破坏的规矩。

可以这样具体实施：邀请孩子（这里一般指低年级学生）每周为家长讲一次课，课题可自拟也可以由家长提出，既可以是课本上的知识，也可以是课本外的新闻热点，还可以讲历史和现代故事等等，形式不拘一格。时间一般安排在周末晚上，也可以"开门办学"扩大听众范围，时间一般为一课时。

有位家长曾向我反映，实施"家庭小课堂"之后，他们家发生了很多奇妙的变化。如，一向缺乏主动的孩子知道自觉学习了，家长玩手机的兴趣不那么强烈了，家庭气氛明显和谐了。渐渐地他们楼里的家长、孩子们也被吸引过来，最后竟然有约20个成员一起参与活动。开始孩子并不很积极，但看到家长们认真的样子，就开始认真备课了。从讲寓言、成语故事开始，逐渐石展到《三字经》《朱子家训》、趣味数学、英语口语等等。课堂上，家长们积极提问，孩子也主动地予以解答，遇到不会的问题时，大家一起查找资料找答案。到后来不让讲都不行了，于是家长们往往会安排两三个小同学轮流上台开讲。孩子会对那些不认真学习的家长予以惩罚，家长们为了免于惩罚也自觉地开始了学习。这位妈妈非常激动，她说"家庭小课堂"让死水一潭的家重新焕发了活力，也改善了孩子和家长之间的亲子关系。

"人都愿意给别人当老师"，这实际上是一种"权欲和本能"，也是在寻找成就感的行为。每个人都有很强的表现欲望，孩子更是。如果换一个角度看厌学，可不可以理解成是孩子丧失了"表现欲望"呢？

孩子缺乏学习动力，原因在于丧失了持续的成就感体验，也就是没有得到别人持续的肯定和鼓励。只要孩子能站在讲台上，就会体验到优越感。为了让这种良好的感觉持续，他就会不断地补充新知识，明白只有努力才能当好小老师，学习动力自然就会被激发出来。

"家长学生"一定要高度重视、积极配合。开始很像是应付孩子的配合演出，但当家长们真正进入角色时，就会发现孩子身上竟然有那么多不为人知的闪光点，从中认识到"不是孩子不优秀，而是没有发现孩子的优秀"。在这样一个良性互动中，受益的可不仅仅是孩子。

"家庭小课堂"还能克服孩子"怯场"问题，能锻炼和提高他们的语言表达能力和临场表现能力，同时也能纠正家长的一些不良行为，可谓一举多得。

能给孩子当学生的家长是聪明的家长，而能给家长讲课的孩子也极有可能成为出类拔萃的精英人才。

41. 快乐学习与学习的快乐

请家长们对一个问题扪心自问："我的孩子快乐吗？"面对这样的问题，相信会有很多家长开始不自信了。我再提问家长们一个问题——"你们知道孩子在什么状态下最聪明吗？"对这问题一定会说出不少答案，但估计很少能答到点上。最后问个问题："你觉得孩子在学习时快乐吗？"估计这个答案比较统一，那就是"不快乐"。

这几个问题能基本反映出当今中国孩子的学习现状，那就是"不快乐的学习"。为什么中国的孩子找不到学习的快乐呢？原因是，"在孩子们的眼里，学习就是任务、是负担、是焦虑"，学习成了负担，成了焦虑的源泉。

如果让一个人去做他不愿意做、也丝毫体验不到快乐的事情，他是很难把这件事情做好的。

家长们一直在苦苦寻找的教育秘诀，其实就在你自己手里，所谓的秘诀就是——让孩子快乐。

人类本来就有探究未知、获取知识的本能。我们不妨观察一下那些学龄前的孩子们，他们是不是每时每刻都在寻找、琢磨、探究？是不是在做游戏、玩玩具时都乐呵呵的。可为什么进了学校、开始学习真本领时，他们反而不快乐了？

想破解这个谜，需要先了解一下"心理动力"这个概念。它也叫"内驱力"，就是"利己""利他"与内驱力的关系。

一些小孩子每天晚上在楼下的广场上打闹嬉笑，把住在二楼的王奶奶搅得心神不宁、焦虑失眠。怎么能让孩子们不在楼下打闹呢？王奶奶心生一计，她拿着一袋糖豆走到楼下对孩子们讲，奶奶看你们每晚表演得很好，每人奖励5个糖豆。孩子们自然很高兴，到了第二天晚上，他们闹腾得更欢了，因为要得到奖励了。于是王奶奶故技重施，却只给每个孩子发了4颗糖豆。孩子们虽然有点不满意，但还是在第三天晚上按时到场打闹……就这样，王奶奶一直把糖豆减到了每人1颗，孩子们再也不来闹腾了。

那么王奶奶使的是什么招法呢？家长们可能有所感悟了，王奶奶把孩子们本来"利己"的游戏变成"利他"的表演了。

孩子们做游戏打闹，本来是一种利己行为，就是让自己高兴。可因为有了奖励的糖豆，有了王奶奶这个观众，游戏打闹就有"利他"性质了。"我凭什么给你表演？还就这么点报酬"——孩子们游戏打闹的动力就这样被"利他"慢慢消解了。

学习本身是学生的利己行为，不是为家长、老师而学的。只有利己的行为才能有动力，才能体验到成就和快乐。上一节讲过，快乐和动力源于别人的认可赞美，这并不矛盾，因为凡事都有内因和外因，只有家长老师的肯定赞美起到了"拉动"作用，利己的内因才能持久。那么，"让父母高兴"是不是"利己"呢？实际上，期望得到肯定和赞美就是让自己高兴，也是利己主义。

"十年寒窗苦"，学习本身并不是一件容易的事，有些知识也的确枯燥乏味，要想把学习所有的课本知识变成乐趣，的确需要费些功夫。无论家长老师、还是学生本身，都要在这个点上做足功课。

快乐学习需要的是"价值观+技巧",而学习的快乐则需要在孜孜以求中寻找兴奋点。

这是一种境界,需要家长和孩子并肩修炼。

42. 请使用好你的肢体语言

曾有位家长对我直言不讳:"您传授的方法我都试过了,但并没见到明显效果。"话里的失望不言自明。

这是一位厌学孩子的妈妈,曾急切地向我讨教转变孩子的办法。我曾教她使用"正向性激励语言",如"你是妈妈眼里最棒的孩子"、"妈妈相信你有能力变得更优秀",等等。了解情况后得知,这位性急的妈妈根本就没得要领,把办法给用反了。

所以,有必要普及一下肢体语言的运用技巧。

话,人人都会说,即使别人教的"曲子",也能一字不落地唱出来。但纯粹的语言往往像一张黑白画作,缺少感染力。而肢体语言虽然没有声音,却能像春天的花一样饱含情感。

举个例子,当你对一个人说"您好"时,如果语气和蔼、面露微笑,不仅眼睛直视对方,还能微微欠身,那么对方接收到的一定是浓浓的敬意。相反,如果没有这些肢体动作做配合,只是干巴巴地说出"你好"两个字,对方能相信这是在真诚问候吗?

语言是一门学问,更是一门艺术。人类使用语言的目的,是把自己的真实意图准确地传递给对方。为什么有些人的话我们不仅乐意听也能听得进去,而有些人即使说得再冠冕堂皇,我们就是不愿意听呢?其中原因,除了语言本身所包含的信息有问题,一定是肢体语言(传递方式)出了毛病。

语言有时是虚伪的,但肢体语言(语气、表情、肢体动作及组合配合)却是潜意识,是发自内心的意思表达。如果语言华丽而肢体语言没有到位的配合,是很容易让人产生歧义的。譬如,你指责孩子玩手机时,自己却机不离手;表扬孩子时不是用真诚的语气和动作,而是心不在焉阴阳怪气。这样不但起不到劝诫、鼓励的作用,反而会让孩子心生厌烦。

有些家长很为难,说自己不会"逢场作戏",甚至认为跟孩子说话不需要有那么多讲究。但家长们应该认识到，演戏你可能不会，也没必要一直去演，但真诚却是一种发自内心的态度，是一种自然的情感流露。如果你情真意切，你的肢体语言就会自然做出配合。如果你认识不到位、态度不端正，你的肢体语言会立即将你出卖。

说到家，还是认识和态度问题。孩子很聪明，他瞬间就会从你的状态中解读出你的信息，是真诚还是虚伪，都在一个字、一个动作里昭然若揭。

43. 孩子为什么会沉溺网络游戏

这是一个大话题，也是一个正在困扰教育界人士的社会问题。很多心理、教育、社会学专家都曾纷纷发声，列举网络（尤其是网络游戏）的害处，呼吁对其抵制。甚至有人提出建议，要求相关部门取缔网游开发商的销售资质，禁止网络运营商传播游戏。可许多年过去了，网游非但没有消失，反而愈演愈烈，根基之深可见一斑。

那么，网游究竟有什么魔力，让那么多青少年难以自拔？家长们又该如何应对呢？

先找一找网游成瘾的原因。

人对自己的嗜好是有自主选择权的，比如学生，就应该选择学习，因为他正处在成长阶段上。可是当他对学习提不起兴趣时，他就可能另有选择，用一个新嗜好取代学习、成为"主业"。相比于枯燥无味的学习，轻松刺激又无实际压力的网游可有意思多了。

根本问题来了，厌学的孩子几乎都存在网游依赖症，网瘾的形成还是厌学惹的祸端。涉及厌学就复杂了，其他章节已经涉及，不再赘述。在此，只想让家长们明白，孩子的大脑是不能"闲置"的，它像舞台，"你方唱罢我登场"，既然学习不是主角，那个非常受潜意识欢迎的网游就会迫不及待地粉墨登场。而网游里面的东西正是孩子精神世界所缺少的东西，这类似市场上稳固的供需关系，再想打破谈何容易。

"堵"是难见成效的，还是要回归"吸引力"法则去"釜底抽薪"，关键在于培养孩子的学习兴趣。如果学习的引力大于网游的吸引力，孩子自然就会被学习吸引，反之亦然。

还有一个不能忽视的问题：但凡玩网游上瘾的孩子，差不多家庭关系也都出现了问题。而网游则像一只寻找腐肉的苍蝇，专门盯住"问题家庭"的孩子入手。如此地一推一拉，结果不言而喻。

怎么办呢？如果孩子已经"成瘾"不能自拔，怎样去介入疏导呢？

这也是一个见仁见智的问题。很多专家已经建议将"网瘾"列入"精神疾病治疗范畴"。一些建议和办法在后面有详细论述，在此不重复。

44. 让孩子的字变成铅字

怎样给学生"灌注学习动力"，这个问题备受家长关注，而一些比较具操作性的方法深受家长朋友们欢迎。这里介绍"水笔字变铅字"这个办法。

我曾让一位前来求助的家长带一篇孩子的作文来看看。那篇作文虽然略显稚嫩，但有些自己的思想。于是我跟家长商量，可否征求一下孩子的意见，把这篇作文发到本地的晚报上。起初孩子很没自信，觉得这是个不可能实现的事情，但他还是愿意让自己的名字出现在报纸上。于是，我把这篇文章略做修改，投给了晚报编辑部。几天后文章见报，家长向我汇报，孩子兴奋地把那张报纸私藏在书桌抽屉里，近段时间学语文的劲头陡然提高。我叮嘱家长要适当督促，力争多让孩子在报纸上见到自己的名字。

有的家长可能会说，我的孩子作文很烂，压根就摆不上台面，不可能登上报纸。这就是做家长的不合格了。如果孩子的作文不理想，那他有没有其他较为突出的特长呢？一个朋友的孩子特别喜欢泥塑，于是聪明的家长周末就会带他找泥塑馆去做。每隔一月，家长就会把孩子认为最理想的那件作品烧成陶器。几年后，孩子书房的柜子里摆满了各式各样的陶塑。每当家里来客人，家长都会让客人参观孩子的"泥塑馆"。奇怪的是，做泥塑非但没有影响孩子的学习，反而门门功课都很优秀。当我跟孩子提及这个问题时，他回答说,做泥塑让他学会了冷静和全神贯注,同样的方法用在学习上也很灵验。

无论刊登作文还是做泥塑，一是锻炼孩子动脑动手的能力，二是让孩子体会自信和成就感，都能是以点带面地激发孩子学习的自信心。

我曾经建议一所小学组织过这样的活动，让同一个年级里那些体育成绩（主要跑得慢的那些同学）不理想的同学，每隔一段时间举办一场跑步比赛，看看谁进步最快。这样一比,那些平时跑得慢的同学很快都赶了上去。道理很简单,在这个相对落后的团队里,他们又渐渐找回了成就感。

在某小学的毕业典礼上,我曾讲过下面这段话,"你感觉自己很差吗?谁给你定义的差?你究竟差到哪里?是自己选择的差、还是别人加给你的差?其实你不比任何一个人差,只要你愿意做一个优秀的人!"没承想,这几个"差"字一出口,竟然赢得了孩子们长时间的掌声。

几年过后,我收到一位陌生人发来的信息:"吉老师,您一定不记得我了,但正是您的那番话让我的人生发生了转折。原先我一直认为自己很笨,就在我甘愿沉沦时,您给了我拼搏上进的信心……"

45. 一封来自远方的表扬信

这是一位妈妈和儿子的故事。

14岁的儿子厌学,沉迷上网、调皮捣蛋,弄得家长老师都很头疼,一起想了很多办法但都不见效果,于是找心理师求助。在详细了解孩子的成长经历后,心理师给走投无路的妈妈出了一个主意。

有天晚上,妈妈拿着一封从南方某大城市寄来的信递给儿子,儿子正在玩手游,不耐烦地把信件扔到一边。没想到的是,第二天儿子竟然按时起床,吃过饭上学去了。隔了一段时间,儿子又收到一封来自同一个地方的信件……就这样,儿子像变了一个人,渐渐戒掉了所有毛病,开始正常学习、生活了。

大家一定很纳闷,这到底是一封具备什么魔力的信,怎么就让迷途的孩子回归正道?这位心理师到底给妈妈出了什么主意呢?

原来,心理师在了解孩子过程中知晓了一个细节,他在12岁时曾在火车站救助过一位突发心脏病的阿姨。那天,儿子去火车站送同学,忽然看到一位阿姨表情痛苦地瘫坐在椅子上,于是走过去问原因。当知道阿姨生病了,这孩子招呼巡逻的警察叔叔,还帮着拨打急救电话……阿姨转危为安,很感激这位小同学的义举,她通过儿子校服知道了孩子所在的学校,特意给学校寄去了一封表扬信。

了解到这些的心理师就让这位妈妈演了一出戏,让远在南方的孩子姑姑冒充那位受助的教授阿姨,给孩子写表扬信。信中极尽溢美之词,并希望孩子将来能考到她所在的城市，表示会一直盼望着那一天的到来。

就是这封信，让孩子看到了曾经的自己，也很悔恨近段时间的消极颓废。为了重新证明自己，也为了不辜负这位"教授阿姨"的期望，孩子转变了。为防止孩子半途而废，姑姑每隔一段时间就给他写封鼓励鞭策的信，他也很乐意与这位"教授阿姨"交流心得。两者之间架起了一座稳固的交流桥梁。

故事讲完了，大家有什么感受呢？

毋庸置疑的是，绝大多数"问题孩子"，都是在不断被否定的环境中一点点颓废的；同理，绝大多数优秀的孩子，也一定是在不断肯定的环境中一点点变得优秀的。这就是心理学上著名的"心想事成效应"——你希望孩子成为什么，孩子就会成为什么。虽然所有的家长都希望孩子成龙成凤，但可惜的是，你们"轻易否定"的行为却折断了他们的翅膀。

家长的手里都应该各有一个放大和缩小的"镜子"。家长只管拿那个"放大镜"去寻找孩子身上的优点，而拿那只"缩小镜"去忽略孩子身上的缺点。慢慢地你就会发现，孩子身上的优点越来越多，缺点却越来越少了。

这个道理不难理解，这办法也不难实施吧？

46. 不能忽略的家校沟通

经常听家长这样说，"孩子总拿老师的话当圣旨"。的确，老师的话总是比家长的话管用，因为在孩子们的心目中老师总是正确的。因此，家长们要学会"借力打力"，用这个以逸待劳的办法。

有位家长与孩子的班主任老师是同学，会隔三岔五地与同学沟通一下，目的很单纯，就是希望老同学能多表扬孩子几句。结果孩子小学期间一直表现优秀，为中学学习打下了很好的基础。

借助这个例子谈谈家校沟通。

有位厌学孩子的家长找我咨询时，我问了他一句话："你多长时间没跟孩子的老师沟通了？"他吞吞吐吐地承认几乎没什么沟通。我又问他通过什么渠道了解孩子的在校情况，他说偶尔会听孩子说几句，在家长会上也能听到一些。这代表了很多家长的态度。如果家长们连与老师沟通都懒得去做，孩子在校情况还能通过什么方式了解、掌握呢？

我曾与不少老师们沟通过这个问题。老师当然明白鼓励的重要性，可是老师的鼓励通常只能以点带面，很难做到一一到位。但一些比较特殊的学生，确实需要老师特殊照顾。

有些家长文化水平不高，有的还忙于生意，基本没时间也没精力陪伴和教育孩子。但聪明的家长却知道与老师搞好关系，让老师多替自己行使管理权，这样既能弥补家长的管理空档，还能让孩子的学习事半功倍。

事实也说明，出现问题的孩子几乎都是被家长和老师忽略的孩子。退一步讲，如果家长没时间、没能力管理孩子，能拜托老师多加管教，那么孩子也不会出现大的问题。可惜的是，一些不负责任的家长却把老师和孩子一起忽略了。

47. 帮助孩子营建一个优秀的朋友圈

"物以类聚，人以群分。"很多家长反映，自己孩子就是因为结交了一帮不良少年才学着变坏的。既然大家都明白这个道理，那么我们何不倒推一下，让孩子结交一些好孩子呢？

这是一个发生在我身边的故事。

同学的孩子出现了厌学情绪，原因当然还是老生常谈的那些。同学很着急，找我想办法。于是我设计了一套方案，让同学配合着实施。

我找了同学和朋友圈子里的五六个表现优秀的孩子，和他们约定一个时间聚会。孩子们积极响应，因为没有家长参与的聚会总会令他们很爽。在那次预谋好的聚会上，同学的孩子与那几个孩子结识了。从此每隔一段时间同学都会主动邀请那几个孩子聚会，还特意安排了一次暑假旅游。一来二去之后，同学孩子的情况大有改观，"地毯效应"显现。

"人伴贤良智转高"，与什么人在一起很重要。套用"量子力学"的原理，每一个圈子里都会有一种特定的能量场存在，如果这个"场"的性质属"负性"且走势向下，那么新介入进的"小场"尽管是正性的、向上的，也扭转不了大场的"能量趋向"，慢慢就会被"同化""改造"。反过来原理也一样：一群积极向上且充满正能量的人，一定会形成一股强大的"正性场强"。

如果后来介入的力量与此"方向一致",就会增加这股力量的强度;如果新介入的力量与它"相克",要么被迅速"挤"出去,要么被迅速同化掉。

有意识地让孩子加入一个优秀团体,并助力其形成一个正能量圈子,这是家长的一堂必修课。

第六章

自我发展

第六章 自我发展

> 自我发展是人类最高层次的精神需求，也是学习的终极目的。

48. 什么才是真正的成功？

"事业有成""考上名牌大学""成为科学家、艺术家"等，这是绝大多数中国家长眼中的"成功"，也代表了当今社会的主流价值观。这无可厚非，但问题是家长们往往舍本求末，只盯着结果而不去考虑过程。试想，一棵营养不良的树上能长出健康饱满的果实吗？你在摇旗呐喊鼓动孩子凌空飞翔时，有没有考虑孩子累不累，他究竟是不是你想象中的那块材料呢？

家长们喜欢把孩子当成"铁人、超人"，认为孩子是一台不用休息的"永动机"。当孩子忽然败下阵来，他们会大惑不解："这是我的孩子吗？""我的孩子怎么会出问题呢？"

再试想一下，如果孩子没有一个健康的身体和心理，怎么能去适应繁重的学业、又怎么能应对错综复杂的社会环境呢？

溃败的孩子不是没有征兆，他们一次次示弱并一次次求助，可惜多数家长却无动于衷，他们会认为是孩子偷懒是学校老师有问题，过一段时间就正常了。可真到了火烧房梁时，才会认识到问题的严重性，但这时候的孩子往往已经"病入膏肓"了。

从生理角度讲，青少年正处在生长发育阶段，身体一般不会出现大的问题（遗传因素除外）。但心理健康却并非如此，人的安全感、价值观、人格等心理健康因素，往往都是在青少年时期培养成型的。

我向来主张"快乐学习"这个理念。从情绪管理的技术层面讲，孩子不快乐，就会抑制大脑的工作效率，所以快乐是让孩子变"聪明"的最佳途径。

从生命大格局的角度讲，快乐应该是人类追求的终极生活目标，如果一个人虽功成名就但体验不到快乐，那么这种"成功"就会大打折扣。

所以，身心健康才是孩子最关键的"成功"，有了身心健康这个基础和资本，学习才不会成为困难，立身和立足才不是奢望。心理不健康很可能导致人格残疾，而这样的人越聪明越可怕。

由此看来，那些只盯着孩子成绩而忽视孩子身心健康的家长，不过是患了"画饼充饥"的糊涂病。

49. 你反对孩子当厨子的理想吗？

一个朋友曾向我诉苦，说没想到孩子如此没出息，想向我讨教改变孩子的锦囊妙计。

原来，朋友问上初二的女儿有什么理想，孩子说是做一个面点师，烤出很多很多好吃的面包。爸爸傻了，质问孩子为什么有如此"低等"的理想。孩子莫名其妙地反问爸爸："难道当面包师不好吗？"当爹的无言以对，郁闷了好长时间。他原是想把孩子培养成一名艺术家，因为孩子非常喜欢音乐绘画，还特别有天赋，可没承想孩子竟然想去烤面包。

听完朋友的话我乐着问："你有什么理由反对孩子当面包师？当面包师为什么就丢人？不同样是自食其力吗？"朋友支支吾吾地说："面包师和艺术家能相提并论吗？"

这之前，我曾处理过类似的一个案例，厌学孩子与家长冲突激烈，起因也是源于孩子的理想。当孩子说将来要做一名清洁工人时，爸爸竟然激动地把水杯摔在地上。"你看你那点出息，现在学习就为了将来扫马路？"孩子也急了，争辩说："我为什么不能做清洁工，我要发明一种机器替代工人繁重的劳动！"因此，父子俩"话不投机半句多"，关系跌入冰点。当爸爸的竟然怀疑孩子大脑有问题，问我有没有治疗这种"疾病"的药物。

谁都希望自己的孩子有出息，但这个"有出息"究竟是什么概念呢？当家长"望子成龙"的愿望与孩子"做自己喜欢的事"之间形成不可调和的矛盾时，该怎么处理呢？

先讲个大一些的概念，就是教育的目的究竟是什么？这里可以给出一个标准的答案——把孩子培养成真正的自己。每个孩子都有自己的特质，这种独有的气质决定他能在哪方面能做得更好、更容易出成绩，教育的任务就是发现、挖掘这种特质。但仅仅是愿意做什么还不够，还要看会做什么、能做好什么，如果能把一件自己喜欢做的事做好，那就是成功了。

从沟通的技术层面讲，武断的否定肯定会严重阻断亲子关系，导致无效沟通。而从"快乐人生"这个大目标出发，我们不就是希望孩子一生健康快乐吗？所以，家长要告诉孩子，自己选择的路自己走，失败不可怕，怕的是没有目标或不敢尝试。

最后我用一个美国家庭故事做一个结尾。

高二男生杰克学习成绩优秀，可是有一天突然对妈妈提出，他要放弃学业学轮滑。妈妈并没有纠结，带着孩子报了一家最好的轮滑培训班，并抽出时间陪孩子练习。几年后，孩子成了家喻户晓的全州轮滑冠军。妈妈由衷地替孩子高兴，她对采访的记者说："虽然孩子耽误了些学业，没能成为一名妈妈期望中的工程师，但是孩子却实现了自己的理想，成了真正的自己，也找到了自己的快乐，妈妈永远祝福他。"

50. 不要把孩子当天才培养

我曾在家长学校的课堂上这样提问，"你认为你的孩子是天才吗？"不少家长回答："孩子虽然算不上天才，但也不是笨孩子。"等我再抛出另一个问题："你是不是在把孩子当天才培养？"家长们莫衷一是了。

坦白地讲，大多数孩子的智商都没什么问题，只是算不上"天才"，中国科技大学少年班里的孩子虽说算得上，但真的凤毛麟角。

那么，究竟什么样的孩子才能够上天才（神童）的条件呢？

智力超群孩子的能力，大部分由遗传因素决定，后天培养虽也有积极性，但的确不是关键因素。他们确实有"无师自通""触类旁通""过目不忘"的超级能力。请问你的孩子有这样的先天特质吗？如果没有，就不要拿"天才"的标准去要求孩子。

一个被学习压垮的"厌学孩子"跟我反映，父母认为她有音乐天赋能成为双料冠军，于是就逼着她学钢琴、小提琴，还要求在不耽误学习的前提下。

她几乎把所有的时间都用在了学习和跑特长班上，刚开始自己也认为能行，但慢慢就厌倦了，感觉力不从心，不可能完成家长的夙愿，索性什么都不学了。一直把孩子当天才培养的家长也彻底郁闷了。

可以负责任地讲，除极少数先天发育有缺陷的孩子外，绝大多数孩子的智商都相差无几，可为什么会有聪明和愚钝之分呢？关键是后天的成长环境和施教方法让孩子有了"聪"与"愚"之分。可以这样理解：聪明是因为客观环境激发了孩子的潜能；而愚笨则是成长环境压抑了孩子的潜能。一抑一扬，结果大相径庭。

所以，家长们不要对孩子抱有过高的期望，因为高期望就是高压力，要让孩子在一种轻松快乐的气氛中学习成长，只有"轻装上阵"才能"行稳致远"。

世界上并没有绝对的事。如果在施教过程中激发出了孩子富余的潜能，家长当然可以根据需要适当地给孩子加些学习任务，但切忌急于求成。

51. 怎样测试孩子的能力

这里讲的能力，指的是孩子的综合能力，是人格特质、气质类型、道德品质、心理环境、健康状况，以及智商、情商、悟性等。它是一个集合体，也是成功者所必备的条件和实力。

那么，怎样评估孩子的综合实力，又怎样测试呢？

这里教大家认识两个重要的心理学概念，一个是"人格特质"，另一个是"气质类型"。

人格特质大致可分为"指挥型、社交型、协调型、思考型"4个类型；气质类型则分为"多血质、黏液质、胆汁质、抑郁质"4种类型。

人格特质从字面意义就能大致理解。仔细观察一下自己的孩子，就能粗略地得出结论——孩子将来最适合做什么，如指挥型的就适合做管理调度工作，而思考型的当然适合从事创作、科研之类的工作。气质类型稍微抽象一点，但也可以这样简单理解：多血质的孩子聪明活泼，但好动、坐不住；抑郁质的孩子沉稳内敛、反应慢却比较稳重踏实。家长们不妨据此再研判一下自己的孩子，看看他们大致属于哪种类型。

所谓"能力"里，还有由遗传因素决定的东西，如智商。当然，情商更不能忽略，但情商是后天慢慢培养的，各个年龄段的情商是不一样的。

明白了人格特质、气质类型，还有智商、情商等概念，你就可以给孩子做一个"心理CT"了。

譬如，人格特质属于指挥型，气质类型属于多血质（人格特质和气质类型一般也是相互匹配的）的孩子，处事灵活容易变通，将来他（她）就适合做一些管理类工作，属于领导型人才；如果人格特质属于思考型，气质类型属于抑郁质（或黏液质），认真刻板不善交际，那么他（她）就适合做些创作、研究类工作，这属于科研型人才；如果是社交型、多血质、情商较高的，就适合做类似"业务部""公关部"或"培训部"等方面的工作，这属于沟通型人才。

当然，这样的测试类似"职业定位"，只是大致的评估而已。人是极其复杂、且在不断进化着的智能动物，在成长过程中身体和思想随时都在发生变化。人格特质和气质类型、智商、情商等不会一成不变，尤其大脑发育和环境刺激等因素还可能让一个人发生颠覆性转变。所以，不能"一锤定音"。

顺便讲一讲情商（EQ）。成功的90%因素取决于情商，这绝对不是夸大其词。专家们对情商的解释有很多，但可将其简单理解为"处理关系的能力"。情商与遗传关系不大，完全是后天培养出来的。所以家长们施教的重点应该放在培养孩子的情商上。

作为一个智慧型家长，一定要知晓孩子的长板和短板在哪里，进而有针对性地引导启发。所谓"扬长避短"就是这个意思。

52. 让孩子成长为真正的自己

我曾受邀去几所"特殊学校"当客座讲师。面对那些被封闭在狭小空间里的"不良少年"，那些让家长、老师伤透脑筋、被贴上"问题"标签的孩子们，往往会让我陷入沉思。他们究竟是一群什么样的孩子，真的是"无药可救"了吗？

先摘录几段与孩子的对话：

我：你有课余爱好吗？

甲：有，乒乓球。

我：水平怎样？

甲：原先不错，老师都说我有体育天赋，可是家长嫌耽误学习不让打，也没时间打，就撂下了。

我：你有什么爱好？

乙：我喜欢微机、喜欢设计小程序。

我：真的喜欢？

乙：真的喜欢。可是家长不让，于是就喜欢上打游戏了。

我：如果一开始家长支持你，你会不会在这方面有所作为。

乙：可能吧，可惜我没有机会啊，怎么敢说行不行呢？

我：你喜欢什么？

丙：我喜欢踢足球，因为学习成绩很一般，家长就把足球给没收了。

我：如果你的父母一直支持你踢足球，你能踢到什么水平？

丙：我只是喜欢，做梦都想成为一名职业足球队员，可惜我没这机会。

我：你喜欢什么？

丁（女生）：我喜欢服装设计。

我：感觉自己有这方面的天赋？

丁：嗯，我感觉是。

我：一定是父母反对了？

丁：你猜对了，他们想让我当个教师或会计。

我：你不同意？

丁：对，感觉自己不是那块材料。

看完这些只言片语，你能悟出点什么吗？

我们之所以总强调要尊重孩子的选择，就是要看看孩子有哪方面潜力、能做成什么。一般情况下，做自己喜欢的事最有可能出成绩。让孩子成为真正的自己，这才是理性智慧的教育。什么是真正的自己？并不是每个孩子都能成为科学家、艺术家、政治家，成为比尔·盖茨、巴菲特、马云、乔布斯。无论什么职业，只要喜欢就能做好。如果家长反对孩子的主张，生硬地要求孩子按照父母设置的路走下去，有可能铸成大错特错。

当然，孩子的喜好可能会随着年龄的增长而变化，这很正常，家长的任务就是不断地因势利导，帮助孩子进行修正调整。

让孩子去做自己喜欢的事，这是家长的大智慧。

第七章 厌学及青春期逆反

第七章　厌学及青春期逆反

> 学习本身是一件艰苦的事，所以孩子出现厌学情绪并不奇怪。"逆反"是学习压力的反作用力的结果，是孩子们的"独立宣言"。

53. 替"叛逆"说句公道话

一提到"叛逆"这两个字，家长们一定会有许多感慨。但如果我说"叛逆"或许是一种好品质，一定会遭到多数家长反对。

我之所以这样说，并不是故意语出惊人、自以为是。因为根据我从经手案例中得来的经验，大多数孩子都有叛逆思想和行为，但大多数也都具备异于常人的品质。

那么，究竟什么是"叛逆"，为什么它会被戴上一顶"让人厌烦"的帽子呢？

我举个例子：家长如果说一个人好，但孩子却说不好，家长就认为孩子在故意与自己作对。学习方面也是如此，如果孩子不认可家长提出的建议，家长就认为孩子有问题。细想一下，你们家是不是也经常出现类似情况呢？家长站在自己立场上认为孩子有问题，那么孩子站在自己的立场上，是不是也会得出"家长有问题"的结论呢？估计差不多。那么就出现了一个"究竟谁正确"的大问题，甚至会影响家庭大事的走向。究竟应该听谁的呢？

天底下的事有绝对的是非对错吗？当然没有，站在哪个阶层就会为哪个阶层辩护。家长站在长者立场上，自然就会维护长者的尊严；孩子站在知识前沿，也一定会抱怨家长故步自封。家长认为孩子叛逆，孩子认为家长冥顽不化。可是话语权一般都掌控在强势的家长手里，处在弱势地位的孩子就容易被戴上这样那样的"帽子"。

家长们不妨再思考一个问题：如果你的孩子人云亦云、随波逐流、推诿依附，没一点主见，他是你真正喜欢的孩子吗？如果孩子能独立自主，遇事不等不靠，虽然偶尔犯点小错误，但你是不是更喜欢这样的孩子呢？

叛逆，说明不愿意循规蹈矩，不愿意重复别人走过的路。孩子跟家长对抗是在释放一个积极的信号——我长大了。家长接受不了，是因为不情愿失去长者的尊严，或是对可能失控的神经过敏，仅此而已。

针尖对麦芒，是因为作用力有一个对等持久的反作用力。

对抗初期，家长们最好要有清醒的认识，要明白自己是成年人，应该科学理性地思考问题。任何一种对抗中，只有一方先做出妥协，才能让对抗降温。在与孩子的对抗中谁先撤——当然是家长。

如果有的家长还怀疑这个观点，不妨买几本人物传记看看。多数成功者、能成大事者，可能都是你眼中的"叛逆者"。

54. 厌学是丧失了学习动力

行为源于内驱力，要调动足够的心理动力才能做好某件事，学习亦然。

很简单，厌学就是丧失了求学的心理动力。那么心理动力究竟是何物，它为什么能左右孩子的学习态度呢？

举例说明：孩子在公交车上给老奶奶让了一个座，或是捡到钱包归还失主，如果这样的事迹（行为）被家长、老师、社会肯定并赞美，那么孩子一定还会继续让座、还钱包。学习也一样，孩子在学习上取得好成绩后，如果得到了家长、老师的及时肯定和表扬，孩子也一定会继续努力学习，因为他体验到了成就感、自豪感。这是本能需求，人人都有。

自豪感就是孩子通过取得成绩换来的一种美好的情绪体验，而这种美好体验需要连续不断。可惜，很多孩子并没有这种情绪体会。因为孩子们觉察到父母的情绪会随自己成绩的起伏而剧烈变化，自然而然就认为——学习是给家长学的。前面我讲过"老奶奶分糖豆"的故事，孩子一旦认为事情有了"利他"性，积极性一定会大打折扣。我曾给一位家长举过这样的例子，如果让你帮人把一台很重的电视机搬上十楼，你能做到吗？家长说很难。当我追问原因时，他说了一句大实话："搬上去又不给我。"听到没？不是不能完成，而是存在"给别人搬"与"给自己搬"的区别。

孩子获得了一个好成绩，高高兴兴拿回家等着家长表扬，可是家长却说"这有什么值得骄傲的，人家××还考了100分呢"。这时候，孩子会做何感想呢？再比如，孩子拿着理想的成绩单却不愿意回家，因为爸爸妈妈在闹矛盾。他很明白，即使让家长看了，心思也不在这张成绩单上。长此以往，孩子学习还有动力吗？

和谐的家庭环境、及时的肯定鼓励、利己的学习认知……只要家长能创造出这些条件，就能给孩子输送源源不断的学习动力。

反之亦然，糟糕的家庭环境、不断的否定批评、强烈的"利他"认知，这些问题都像河堤管涌，釜底抽薪般蚕食着孩子的自信，致使学习成了负担和压力。如果成绩换不来良好的体验，在忧心忡忡、无人喝彩的世界里学习，真的是一件很难很难的事。

切记，"笨"只是潜能被压制的表现，而"聪明"也只不过是潜能被无限释放后的结果，仅此而已。

55. 有效沟通与无效沟通

"我们就差把心掏出来了，孩子为什么不买账？"这是我经常听到的家长牢骚。在很多家长眼里，孩子似乎成了"喂不熟的白眼狼"，不仅对家长的意见置若罔闻，还一张嘴就带情绪，别说正常沟通，就连面对面坐上几分钟都难。

难道孩子真成了麻木不仁的不孝之子了？这样讲肯定有失公平，可家长们的疑惑也并非全是空穴来风。那么，究竟是什么原因让孩子变得如此冷若冰霜的呢？

这就是有效沟通的问题了。

人与人对话的目的是什么？除了礼节性的客套外，是不是为了引起对方关注和重视、希望对方能认同和接纳自己的观点呢？这才是沟通的最终目的。如果你滔滔不绝而对方却充耳不闻，只能说明你发出的信息没有引发对方的反馈，只是一厢情愿的"自言自语"。这样的沟通就属于"无效沟通"。

沟通的目的是引发对方反馈，比如两人对骂就属于有效沟通，因为起码在相互接收和互换信息。那些每天给孩子讲大道理的家长为什么得不到孩子的反馈呢？很简单，孩子压根就没听进去，更谈不上反馈了。

为什么呢？

有个词叫"人微言轻"，还有一句话叫"言轻莫劝人"。一个乞丐给富翁传授致富经，一个"单身狗"给朋友传授"恋爱秘籍"，对方肯定会嗤之以鼻。所以，达成有效沟通的条件之一，是对方能重视你。只有对方重视你、尊重你，你的话才能进入他的耳朵、走进他的心。关系不到位说啥也白费。

不少家长自以为是地把自己的话当成了"圣旨"。类似于"我是你老子，我走的桥比你走的路都长"，"不听老人言吃亏在眼前"之类的话吓唬小孩可以，但孩子们的见识和判断力都在不断拓展加强，他们会发现家长的话并非全正确，甚至有很多谬误。这时候就要看家长的自我成长了，如果你能意识到自身不足，放下架子坦诚面对，相信孩子还是能与你保持良好关系的。但可惜的是，不少家长并没有与时俱进，依然撑着面子不放，这就不能抱怨孩子不听话了。

也有不少已经开悟的家长向我提问："我已经把面子扔在脚下了，可还是没有办法让孩子信服，怎么办？"

其实，没有人会拒绝谦逊。知道自身不足就不要老端着架子。家长和孩子虽存在血缘关系，但尊老爱幼只算是道德层面的义务。而在知识层面，有些家长并不占上风。不懂就要向孩子学习，不耻下问不丢人。最让人瞧不起的就是不懂装懂、把一些过时的、腐朽的经验强行推销给孩子。

秉持谦虚求知的态度，懂得放低姿态，最好能把孩子当老师，这才是有效沟通的基础。只有沟通畅通了，你那些"老经验、大道理"才可能对孩子产生影响。

沟通无效，一切归零。

56. 怎样帮孩子平稳度过青春期

一提到"青春期"，不少家长立刻表示头疼。因为这个词容易与"逆反、厌学、网瘾、早恋"等不良行为联系在一起。进入青春期的孩子难沟通、难管理，成了家长们的共识。

青春期真有那么可怕吗？家长又该怎样做，才能帮助孩子平稳度过青春期呢？

据我了解，大多数欧美和非洲国家的家长很少因为孩子出现"青春期"现象而过度焦虑。难道他们的孩子会跳跃着成长吗？不是，关键还是成年人的育儿观念、管教模式不一样。

所谓青春期，被发展心理学形容为"心理断乳期"。说白了，就是孩子长大了，想脱离家长、独立自主了。这本是孩子们为将来彻底独立打基础的阶段，既然早晚要独立，不如越早越好。但首先患上"分离恐惧症"的却往往是父母，尤其是女性家长们。她们害怕孩子离去，害怕失落寂寞，担心爱的需求一旦没了，自己会像被抽了筋一样无依无靠。

于是，家长们开始"以爱的名义行捆绑之实"。这恰好与要挣脱束缚的青春期形成了反作用力。"更年期遭遇青春期"，在这场你来我往的拔河式角力中，经济尚未独立的孩子落了下风，"想走走不成，不想走又难以控制独立的欲望"，于是孩子纠结了。

被束缚的滋味不好受，孩子们只能"身在曹营心在汉"。家长瞅着蠢蠢欲动的孩子不顺眼，孩子忍受着频念"紧箍咒"的"唐僧"心猿意马，都很累。

那该怎么办呢？

首先，家长们应该学点发展心理学，要明白青春期是孩子的独立宣言，是为成人做准备，这也是一个必然的成长过程。如果你想让孩子早一天独立早一天腾飞，那就应该早一天放手。自己要想办法克服"分离恐惧"，及早地培养个人爱好，来填补孩子离开后大量空虚无聊的时间。要客观公正地审视"叛逆"，不要随随便便拿出"不孝不敬"的"大帽子"，用道德绑架孩子。

对那些你看不惯的青春期行为，如另类的着装打扮和爱好、适当的性宣泄（手淫或早恋）等，如果没有超出限度，没到伤风败俗之程度，最好也视而不见。

这就要求家长先从与子女"拔河"般的内耗中退出来，远距离关注孩子成长，甘愿让你的意见仅供孩子参考。要讲求方式方法，用欣赏的眼光审视孩子的变化，多用鼓励性语言并尊重孩子的选择。

一旦发现孩子行为超出常规，要在第一时间做出反应。记住，孩子学坏很容易，纠正不良行为越早越好。

当然，最好请有经验的心理师指导，把不良行为的苗头消灭在萌芽状态。

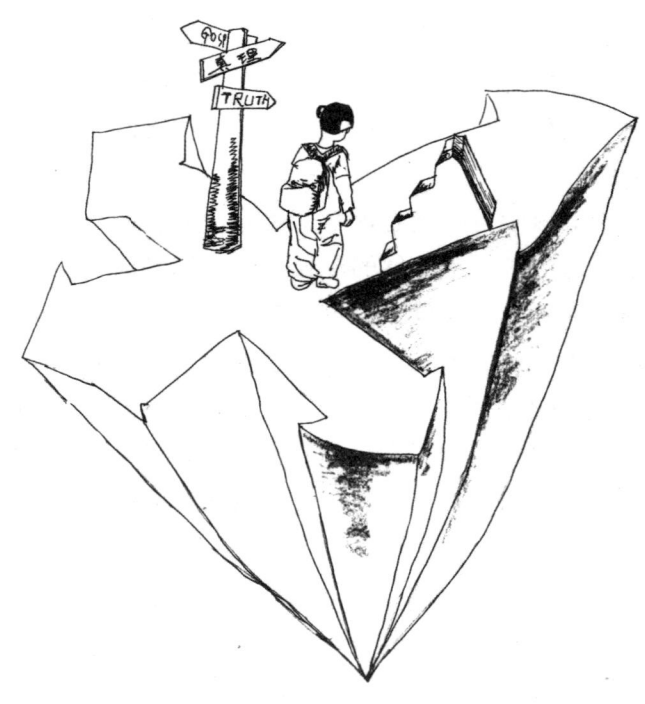

第八章 生理心理问题纠偏

第八章 生理心理问题纠偏

> 处于成长过程中的少年儿童会出现各式各样的不良行为，有些是遗传性疾病的症状表现，有些则是后天形成的不良习惯造成，需要家长科学识别、理性面对。

57. 孤独症

儿童孤独症又称"自闭症"，从字面意义不难理解，就是孩子看上去"自闭"和"孤独"。主要表现为社会交往障碍、交流障碍、兴趣狭窄等思维行为障碍，还有一种表现比较正向，就是"孤独症才能"。人类对"孤独症"的认识经历了很长历史时期，随着心理学、医学的发展进步，才逐渐揭示了孤独症的部分成因。但时至今日，业界对这种奇怪的症状仍然没有给出一个让人信服的解释。

医学临床对其是这样定义"孤独症"的：它是一种在一定遗传因素作用下，受多种环境因子刺激导致的弥漫性中枢神经系统发育障碍性疾病。这段话一般家长很难理解，我简单地解读一下：它与遗传有关，是大脑某些部位（具体说不清楚）发育障碍所导致的一种精神疾病。

患孤独症的孩子像生活在与其他人平行的世界里，他们顾影自怜、自娱自乐，行为怪异、机械重复，不会主动跟父母和其他人交流，并且语言残缺、吐字不清，往往只用简单的几个字表达诉求。

患孤独症的孩子可能具备某些天才特质，在绘画、音乐、计算、机械记忆、背诵等方面会表现出异于常人的能力，在西方被称为"白痴学者"。据说爱迪生、贝多芬、莫奈、梵高等人就曾患有孤独症。有种说法这样解释：大脑会在关闭了大多数功能之后，凸显出一个或几个特殊功能。

"上帝关上所有的门，一定会给你留一扇窗"，如果能顺势而为地去培养这些孩子的"特长",说不准会培养出杰出的科学家或艺术家。

有些孤独症患者会随着年龄增长而有所好转,有些孩子还会出现"突变"现象,就是莫名其妙地一下好转了。希望家长们在心理上要有所准备。

58. 偏食

如今偏食的孩子(尤其是婴幼儿)并不少见。轻微的偏食倒无大碍,但严重的就是偏食症了,它会制约儿童身体发育,甚至会对情绪造成影响。

我曾处理过这样一个案例:一位妈妈带着七岁女儿前来求助,原因是孩子总坐不住,经常在课堂上跑来跑去,破坏学习秩序,家长想了很多办法都不见成效。经了解得知,孩子有严重的偏食现象,从来不吃蔬菜和海鲜类食物。我建议妈妈先带孩子去医院做一个微量元素测试,看看是不是锌缺乏。不出所料,检查结果低于正常值数倍。我建议家长先按医嘱给孩子服用锌剂,然后再慢慢纠正偏食习惯。孩子服用锌剂一个月后,坐不住的毛病明显好转。

这里给家长们讲一讲导致孩子偏食的一些原因,希望能引起重视并防微杜渐。

首先,孩子不是从一生下来就偏食的(特殊的遗传性疾病除外),一定是受到某种刺激后的条件反射所致。有些孩子不愿意吃青菜,原因可能是家长在下意识地灌输青菜"有毒"(农药残留)的错误信息,不断夸大其害处所致。有的孩子不吃猪肉,是因为看到电视里的"猪宝宝"很可爱,不忍杀了它吃肉。以此类推,如果家长不及时予以纠正,就有可能形成条件反射、留下心理阴影,导致孩子偏食。

很多家长本身就很挑食,也会潜移默化地把这种不良习惯"传染"给孩子。

再就是家长对独生子女的娇惯导致。孩子不吃这、不吃那,家长也不分析什么原因,一直顺着孩子,于是就慢慢形成了孩子挑食的习惯。

孩子偏食怎么办呢?

第一,要尽早地予以纠正,就是要给孩子说明偏食对身体发育的不良影响。再就是向孩子灌输食材来源的"合理性",如农民伯伯种的菜没有"毒",有些在地里摘下来就可以直接吃,如我们吃的肉都是从别处来的,你喜欢的猪宝宝、羊宝宝都没有被杀掉,它们好着呢,等等。

第二，系统"脱敏"加暗示调整。要循序渐进地把不爱吃食物加量，让孩子有一个接受的过程。譬如在青菜里面加少量的肉，等到孩子能接受了，再逐渐加量。暗示，就是把食物比喻成某种东西，可以把青菜比喻成有生命的小宝宝，它们要求跑到肚肚里找它的朋友去。

第三，奖惩并举，吃了就有适当的奖励，不吃就有适当的惩罚。如，孩子不吃就先饿着，等饿到一定程度，孩子自然会妥协，毕竟饥饿要比挑食难熬。

第四，有目的地多给孩子补充鱼虾、贝类、瘦肉、核桃、花生、芝麻、紫菜等食物。如挑食情况比较严重，就要在医生指导下服用铁、锌、硒等成剂来缓解症状了。

59. 撒谎

家长们要明白，孩子撒谎不一定都是坏事，所以不要对孩子的撒谎行为一概而论。

先举一个例子：

一个三年级学生跟同学打赌，如果期中考试考进前三名，他们就要请他吃汉堡；如果考不进，他就请他们吃汉堡。成绩下来后，他距离第三名就差一分。他要履行诺言，于是撒谎说班级有活动跟妈妈要钱。妈妈出于谨慎，暗地里咨询了班主任……得知真相的妈妈可以有两种选择：一是假装不知情，把钱给孩子；再就是把孩子的小秘密揭穿，同时表扬孩子信守诺言，给钱。可惜这位妈妈并没有做出理性选择，而是把撒谎的帽子扣到了孩子头上……慢慢地，这个孩子还真就学会了撒谎，并且一发不可收。

再讲一个老掉牙的故事。刚上一年级的小明数学考了95分，他兴高采烈地拿着卷子回家等着家长表扬。可小明的邻居小红却考了100分。小明的妈妈非但没有表扬孩子，还把小红"搬"出来训斥了小明一番。于是小明得出了这样一个结论：考100分才会受到家长表扬。后来，他学会了把一份份不合格的试卷拿到打印店修改，于是就顺理成章地得到了家长的"表扬"，直到东窗事发。

趋利避害是人的本能。孩子撒谎首先是为了避免遭受直接伤害，而这种伤害多数源于不理智的家长。假如上面的那位妈妈不拿自己的孩子与小红比较，表扬鼓励小明，孩子或许就不会那么早就懂得了撒谎的"好处"。

当然，无论怎么辩解，恶意的撒谎毕竟不是好品质，很多走上犯罪道路的青少年就是从撒谎开始起步的。

那么，当发现孩子撒谎时该怎么办呢？

我的意见是要进行"温婉的正面阻击"。所谓"温婉"，就是要讲求说话的分寸和语气，在给孩子留足面子的同时，指出撒谎的弊端。如先给孩子讲讲撒谎的心理动机，认可孩子的良好初衷，可以这样说："孩子，我知道你这样做是为了避免受到惩罚，可爸爸妈妈知道真相后，是不是会更加失望呢……我可以容忍你犯错误，但却不允许你撒谎……我们需要的是一个诚实的孩子。"

记住一点，孩子们同样需要被人尊重。所以无论事情发展到什么地步，家长们都要先给孩子留足面子，再在此基础上弄明白孩子撒谎的动机。如果是善意的，则要加以引导，并教给孩子一些正确的方法；如果是恶意的，就要及时把坏苗头消灭在萌芽状态。

60. 懒散馋

懒、散、馋，是当今不少孩子的顽疾。有些孩子的卧室乱得无处下脚，有些则嫌家里的饭不好吃，经常要求父母点外卖吃。而写作业拖拉更是不少学生的"标配"，于是业界又诞生了一个新词——拖延症。

为什么学生会有"拖延症"呢？

毫无疑问，懒散和拖沓是丧失学习或生活目标和动力的表现。一个孩子如果没有了目标，不知道为谁学、为什么活，剩下的也只有懒散拖延、得过且过了。

一个高二男生懒散成性，不但学习成绩一塌糊涂，就连自己的袜子、内裤都不洗。我们看看他的家庭背景：父母早年离异，他跟着做生意的父亲生活。父亲基本不着家，与孩子唯一的联系就是钱，几乎有求必应，从不问原因。这个高二男生曾说，我都不知道为什么活着，还谈什么节约、勤快。

孩子不勤快还有一种原因，那就是习惯。"懒"也是一种本能，每个人潜意识里都愿意懒、都不愿意多做事情，因为懒了就舒服。所以，懒惰是极容易形成习惯的。人要克服懒散，一要靠自觉，用既定的目标提供动力对抗本能；二是要靠外力的监督督促（这里主要靠父母老师）。只有内因和外因一起发力，才能发挥作用。有的孩子本来就缺少目标，如果父母也懒散，其督促就不会起作用。

再回到"心理动力"上看"懒散"。心理动力的"源"有很多，如和谐幸福的家庭，及时的肯定鼓励和表扬，亲子之间、师生之间的良性互动等。如果失去这些动力源，孩子就会像被抽掉空气的塑料人偶。灵魂散了，精力也就散了，人就会失去定性，像一头掉队的小角马迷失方向。所以，让孩子明白"我为谁做，我为什么做"，依旧是解决其懒散问题的关键。

当然，习惯一旦养成，改变也不容易。除孩子的自省和自律外，还有必要使用一些技术手段，如"系统脱懒"。比如，帮助孩子把室内的床上床下、桌上桌下、地面上等等，划分成数个小卫生区，让他每一天清理一个小卫生区的卫生，由家长根据效果给予一定的奖惩。家长要每天拍一张照片，一张张地给孩子做对比，让孩子看到成绩，找到成就感。做作业也如此，先把所有的电子产品收缴，等到孩子做完作业且检查无误后再给孩子，并且要根据作业完成情况分配玩的时间。要帮助孩子学会管理时间，比如今晚是11点完成的作业，明晚就要求提前5分钟做完，将作息时间循序渐进地调整到合理的区间上。

有些拖延症已经发展成了神经症，出现自闭、抑郁或焦虑等情绪障碍，这就超出了一般的认知范畴。如有的孩子已经沉溺在懒散中不能自拔（一般都会伴有"手游"依赖症），懒散与网瘾并发，这就需要借助专业机构协助纠正了。

61. 作业拖拉

这里所讲的"作业拖拉"，指的是单纯地做作业效率低。

要解决这个问题还是要用老套路，即家长要分析一下问题的具体成因。要看看究竟是孩子的性格使然（有些孩子属于黏液质或抑郁质气质类型），还是认知有问题？抑或是遇到了影响学习情绪的事情？如与老师发生矛盾、遭到同学欺负、出现了情感危机，要平心静气地坐下来，与孩子一起分析研判，如能找到原因就要按图索骥、"对症治疗"。如与老师关系出现问题，就要分析问题为什么发生，究竟是谁的不对。如果是自身原因，就要教育孩子做自我反省和承担责任；如果是老师的问题，要及时与老师沟通，打消误解重新建立关系。如果与同学发生了矛盾，那更要具体问题具体分析，有过错一方要承担相应责任；如果是感情问题（如早恋）就比较复杂了，需要给孩子灌输正确的恋爱观，客观理性应对问题。

如果孩子性格使然（气质类型问题），那就没必要强求孩子了，作业做不完就要花费更多的时间，这也是没办法的办法。很多家长不明白"气质类型"这回事，认为孩子是故意使懒磨蹭，甚至是故意与家长过不去，这就有失公允了。

与作业拖拉相对应的问题是做作业毛糙，大大咧咧、撇七漏八，这也是性格与习惯形成的综合问题。我曾建议家长使用"计秒技术"来纠正孩子做作业毛糙的习惯。就是在孩子面前放一只秒表，让孩子自己设定时间，规定几秒钟（一般是 3～5 秒）写一个常规字，慢慢地把他急躁的性子磨下来。还有一种练习硬笔书法的描字格，也很管用。

62. 常见的一些强迫行为（吸鼻、弄眼、咬指甲）

很多低年级孩子身上会出现一些让家长、老师难以理解的奇怪行为，如吸鼻子、频繁眨眼睛，咽喉部位经常发出"吭吭"声，还有咬指甲、卷衣服角等等，越是被人提醒反而越厉害。这些行为虽然算不上"异类"，也不太会影响学习和生活，但却有损孩子的外在形象，如果得不到及时纠正，会对其以后的生活造成负面影响。

孩子的这些行为算不算病症，又怎样去纠正呢？

首先要明白，孩子的这些异常行为多数属于"对抗焦虑情绪的应激或强迫行为"（还有一些属于大脑病变导致，在此不做讨论）。说直白一点，它就是孩子为了消除内心焦虑而做出的对抗举措。成年人可能会有这样的经验：晚上独自走在一条四周无人的小路上，自然就会恐惧紧张，很多人会大声唱歌，无论唱得好坏，只要能吼出来了，恐惧情绪就会缓解不少。这跟孩子吸鼻子、频繁眨眼睛的道理一样。

如果倒查这类孩子的成长史，一定能找到与这些行为对应的原发事件。我举一个例子：有位男中学生经常无原因地吸鼻子，自己也无法控制，他说如果不吸鼻子就感觉不舒服，至于哪里不舒服，却说不上来。追溯成长史得到一个信息，孩子四五岁时曾被别人恶作剧，把煤油抹在鼻孔下面，结果孩子对妈妈说家里有煤油味，家长不解，以为孩子开玩笑，于是没有理睬。由于孩子一直坚持说家里到处都是煤油味，家长就认为孩子的鼻子有问题，就带着他去医院检查。医生嗅到孩子脸上的煤油味，于是让孩子洗了洗脸，结果味道就消失了。本以为事情就这样过去了，没承想孩子却依旧说家里有煤油味。家长以为孩子故意捣乱，就不断地训斥警告。从此，孩子再也不提煤油味的事了，却落下了这个不断吸鼻子的毛病。还有另外一个例子，有个10岁的小姑娘不断高频率地眨眼睛，原因是7岁时曾被一只在身后燃放的爆竹吓了一下，也落下了这个毛病。

不断重复的行为会形成习惯，而习惯却会"刻入"潜意识，导致下意识动作出现，别人看着别扭，本人却意识不到。

这里要提醒家长，如果发现孩子行为出现异常，要及时想办法应对，并且越早越好。还有一个"负性强化"的道理，家长也必须清楚，就是发现孩子有异常举动时千万不能指责和讥讽，更不能强行纠正，因为这样会适得其反。家长首先要做到"视而不见"，先忽略、假装没看到，接下来要转移孩子的注意力，如尽快安排孩子做一次长时间旅行，或者给孩子选择一个比较喜欢的事情去做去学（如乐器），可以让低年龄的孩子给家长讲故事等。如果仍不见效果，就要寻求心理师帮助了。

在心理咨询（治疗）上，一般会采取"放松疗法＋系统脱敏"的办法实施介入干预，对大龄孩子则会尝试催眠治疗。

放松疗法就是让孩子的身心得以充分放松，用肌体和精神松弛来对抗焦虑（往往是肌肉紧绷状态），听舒缓的音乐，听导入性语言，不断深呼吸让大脑进入"清空状态"，借以实现肌体的松弛。系统脱敏就是"逐渐降低情绪等级（指数）"，这类似下楼，一次跳下来不行，需要一级一级地走下来。或在心理师帮助下、或自己制定间隔时间，用放松方法逐渐拉长行为之间的时间长度。当然，配合催眠治疗的效果可能会更好。

现在市面上也有不少儿童不良行为纠正机构，也都有较系统的纠正方法。

63. 骂人、说脏话

如果孩子经常说一些不雅的口头语，或有意无意地吐脏字、说脏话，的确会影响其人际交往和自身形象，甚至会被认为是坏孩子。这一节，我给家长们分析一下孩子说脏话的心理，看看他们究竟是不是人们眼里的坏孩子。

我接触过一个很有代表性的个案中学生，他逃学、打架、吸烟、喝酒，一开口更是脏话连篇。我问他这些脏话指向谁，他说不知道，反正骂出来就舒服一点，不然憋得要死。当我说"实际上你是在骂你父母，对不对"时，他忽然沉默了。

若从心理动机学分析，骂人、说脏话是为发泄压抑的愤怒和郁闷。那么，这些压抑的情绪源于何处呢？有的人会为鸡毛蒜皮的事与人大打出手，过后也很后悔，也知道根本就不值得，可就是压不住火气。实际上，他攻击的并不是"这个人"，而是"那个人"。我们虽然不知道"那个人"是谁，但一定有这么个人，而且是打人者不能或不敢实施攻击的人。这就又说到情绪转嫁上去了，家长们可以搜一搜"情绪的蝴蝶效应"了解一下。

我们不妨反思一下，一个在和谐幸福环境中长大的孩子会骂人、说脏话吗？反之，如果成长环境恶劣到剑拔弩张、硝烟弥漫，势必会让孩子身上充满戾气甚至匪气。

攻击（骂人、说脏话也属攻击行为）就是为了宣泄。一旦攻击行为形成习惯，就会内化成无意识行为，脏字顺口就能说出来。冲动型人格就是这样炼成的。

家长首先要做一下自我反省，看看自己是不是也有这个毛病，孩子成长的环境是不是不太好？如果是，那就不能把账算到孩子头上了。

最好的办法当然是家长的"率身垂范"，给孩子做一个好榜样，用温情和柔性去感化孩子。应该好好经营家庭，给孩子一个温暖的家，慢慢地让孩子心中的坚冰融化，变成一个知书达理、温文尔雅的人。

当然，还有一些原因出自学校、老师、同学。这就要具体问题具体分析，尽早化解彼此之间的矛盾，把不好的苗头提早消除。

64. 过度内向和活泼过度

内向与活泼都不是坏事，但都不能过度。如孩子很少说话、从不主动回答问题，或很难坐得住、嘻嘻哈哈没正形，其极端化行为已经影响了学习和交际，那就是问题了。

家长首先要弄明白性格、人格与神经症的区别。如孩子确属内向与外向型性格，这就不是问题，因为这是由遗传的"气质类型"所决定的。但如果孩子过度内向或过度外向形成模式，就会逐渐固化成人格（如抑郁型人格或表演性人格），就会不同程度地影响其学习和生活。最可怕的是神经症，表面看上去好像是性格问题，如每天闷闷不乐，但如果找不到对应的原因，就要考虑神经症问题了。

只有弄明白原因才能因势利导。相对于人格问题和神经症，性格是有可能"再塑造"的。最麻烦的是神经症，如时下已经有低龄化发展趋势的抑郁症，一旦确诊就是大麻烦。

"治病要趁早"。家长们不要轻视孩子的情绪问题，如果发现孩子出现较长一段时间的郁郁寡欢或自我封闭，一定要高度重视，尽早带孩子去看心理师或精神科医生，尽早确诊、尽早医治。

俗话说"江山易改本性难移"，因为这涉及遗传基因。所以，如果孩子内向或外向表现仅是性格问题，想改变也有很大难度，如孩子丢三落四的习惯，就需要借助一些技巧去慢慢纠正。比如，有个家长给孩子买了几个漂亮的盒子，给它们命名为"阿里巴巴百宝箱"，要求孩子把重要的东西归类放置，以便需要时知道去哪个盒子里找，巧妙打破了那个"找啥啥不在"的魔咒。

65. 神经症与讳疾忌医

如今神经症（这里主要指焦虑、抑郁型神经症）已出现低龄化趋势，中学生甚至小学生都有可能罹患神经症（以焦虑症和抑郁症居多）。这里重点讲讲抑郁症。

抑郁症的症状是，患者长时间处在消极的负性情绪中，自我封闭（闭门不出），与家庭、社会隔离。一些青少年病例表明，某些家长起初都知道孩子的情况，但又极少愿意相信"这是病"的事实。他们担心孩子的名声，害怕被扣上"神经病"的帽子，往往讳疾忌医、隐瞒病情，抱着侥幸心理，私下遍访"神医"或迷信地求神拜佛，最终贻误了最佳治疗时机。孩子被送医治疗时，往往已经发展为严重神经症，只能靠药物维持治疗。

我见过太多这样让人惋惜的孩子，所以借助这篇文字郑重敬告家长几句：

1. 一旦发现孩子出现异常症状，如闷闷不乐、闭门不出、不愿意上学、不主动交流，甚至有轻生念头，不要以为这只是单纯的情绪问题，如果时间超过两周，就要考虑抑郁症了。

2. 要克服讳疾忌医思想，心理疾病自愈的可能性很小，家长们不能押宝于小概率事件上，更不要害怕被扣上"神经病"的帽子。谁都不希望生病，要敢于面对现实。求神拜佛只能贻误最佳治疗时机，把轻症拖延成重症。

3. 最好带着孩子去精神疾病专科医院看心理医生。因为抑郁症的治疗既要靠药物维持情绪，也要靠心理疏导解开心结。而一般心理师没有处方权，最好一步到位。

4. 抑郁症治疗是一个漫长的过程，其症状时好时坏、反反复复，家长和孩子都要有充分的思想准备，要有毅力和耐心，不然很容易半途而废。

66. 课堂上搞小动作

几乎每一个班级里都会有几个调皮捣蛋的孩子，尤其是低年级的尤为突出。这些孩子精力不集中，碰碰这个、戳戳那个，经常做一些匪夷所思的小动作，发出些奇怪的声音，尽管老师严厉制止，但很难彻底纠正。老师也会把孩子的情况反映给家长，要求家长配合纠正，但家长往往无从下手。

那么，孩子在课堂上搞小动作是不是一种"病"，又怎么去纠正呢？

首先要看程度和性质。不要把活泼好动看成是故意调皮捣蛋或"多动症"。偶尔做些小动作应该不是问题，如果一直持续、影响到了课堂秩序，那就是问题了。

前面我已经讲过，"多动症"是一种综合性的脑科疾病，一般与遗传基因或大脑发育有关，也可能与体内缺少某些微量元素有关，如严重偏食导致的铁、锌元素缺乏等。在此不再赘述。

与多动症不同的是"情感代偿"效应,也就是情感方面的"缺啥补啥"。孩子之所以做出一些奇怪动作,目的是吸引别人的关注,而吸引别人关注的原因极有可能是被"边缘化"的结果,这就是纯粹的心因性问题了。

首先,家长要找找自身的原因,看看是不是在感情上疏离了孩子。如时下多出现的"老大"问题,即有了二胎后,父母的注意力会转移到二宝身上,自然就忽略了老大的情感需求。别忘了大多数"老大"也还是孩子,不能指望他们一夜长大。

还有就是纯粹的习惯问题。活泼好动的孩子往往也坐不住,如果他们对课堂所学知识不感兴趣,思想就容易开小差,下意识地做些小动作。听到感兴趣的知识,他们的表现就会好一些,甚至能聚精会神。

所以,纠正课堂小动作要分清原因、区别对待。确诊为多动症的,一定要找专业医院或正规的儿童行为纠正机构求治,这也是一个长期而艰巨的任务,别指望一蹴而就;如果是"情感代偿"效应,则一定要多关注、关心孩子的心理需求。记住,物质替代不了精神,不能指望用钱或东西弥补孩子的情感"缺口"。如果是单纯的习惯问题,那就好办得多,可以采用"系统脱敏"加"奖惩激励"的办法予以纠正。

67. 手游依赖(网络成瘾)

手游,指的是风靡当下的手机游戏,包括单机或联机游戏。青少年手游依赖早已成社会焦点问题,各方观点不一,吵吵嚷嚷地争论了很多年,手游也蒸蒸日上地发展了很多年。"是电游产品坑害了青少年,还是青少年精神空虚、意志品质下降"也成了一个见仁见智的悖论题。

不争的现实是,由于青少年沉溺手游(网络游戏)导致的学业荒废和精神障碍等问题日渐突出,很多手游成瘾的孩子发展成了自闭症、神经症,给社会和家庭带来了沉重负担。

受害家长往往会抱怨电游开发商和电信推广商。但市场有市场的规律,既得利益者们是不会自动退出的。所以还要从主观找原因,解决自身问题。

根据我的调查,约80%的手游依赖孩子都对学习丧失兴趣,他们厌学的原因错综复杂,我们只能有针对性地做具体分析。

在我处理过的手游依赖案例里，大多数成瘾孩子的家庭都存在问题。孩子丧失学习动力基本源于家庭关系的紧张和破裂，这是对"釜底抽薪"原理的最好证明。一个问题孩子对我讲，"我在现实中没有得到的东西，在网络游戏里面全得到了"，我问他得到了什么，是面包还是豆浆？他说是精神。

丰富多彩的乐趣、成就感、情绪宣泄，以及尊重、关爱、互助、友情、爱情等，这些非物质的东西都能在网络游戏里寻得踪迹，不深入其中你或许真的无法相信。而这些东西，恰恰是在现实中严重匮乏的精神食粮。还是"缺啥补啥"的心理定律，沉溺在手游中的孩子多数是在寻找精神抚慰。

"防患于未然"，把家庭经营好是预防孩子手游成瘾的关键。和谐的亲子关系，顺畅的人际沟通，及时了解孩子的心理需求并尽可能地给予支持与帮助，这是预防的基础。

对已经发展到依赖和成瘾的孩子怎么办？

这是很多家长都在关心关注、也是让很多专家学者头疼的问题。

如果沉溺网络不能自拔，且刀枪不入、油盐不进，那就应该将其归入严重心理障碍甚至是精神疾病范畴了。对于不少精神疾病专家同意将网瘾归入精神疾病治疗范畴，本人是持"谨慎支持"态度的。虽然不能随随便便给人戴上"精神疾病"的帽子，但网瘾的症状的确符合精神疾病诊断中最关键的一条，那就是"丧失社会功能"。试想，一个身体健康的孩子不洗澡、不理发、不打扫卫生，饭不送到嘴边不吃，衣服从来不洗，黑白颠倒、恍恍惚惚，闭门不出、拒绝交流，这与一个"废人"又有何异？

强制性治疗（一般是行为纠正）是不得已而为之的手段。很多家长向我咨询有没有其他更好的办法，很遗憾，除了送专业机构强行治疗，暂时谁也给不出更加有效的方法了。

前些年有很多这样的特殊学校，但由于频频出现问题多被依法取缔了。可是这些沉迷网瘾之中但医院不收、少管所不要、家长又管不了的孩子，该怎么办呢？

这是一个值得整个社会关注和反思的问题。

68. 沉溺黄色网站与过度手淫

网络世界无所不包。初级的涉黄网站只是文字、图片及视频等内容，如今升级后的涉黄网站却像一只吃人的老虎机，不但能消磨人的精神，还能把你兜里的钱掏光，让沉溺者人财两空。

有位初三学男生偶尔接触到了一个直播平台，立时被里面"生动活泼"的互动形式给吸引住了。这是一家由年轻女孩当主播的直播平台，为了吸引会员揽财，她们不惜采取"一对一"裸聊方式，动作、语言尺度超乎想象。处在荷尔蒙井喷时期的这个男生一试便无法自拔了。

为了成为网站的金牌、钻石会员，能跟自己心仪的女孩"面对面"交流，他跟家里、亲戚家撒谎要钱，慢慢发展到偷父母、亲戚的钱，差点被送进派出所。知道真相的父母大为恼火，使出撤网、关禁闭、没收手机等方法。可孩子依然没有改掉这个毛病，最后被送到一家特殊机构强行戒除。

青春期的孩子已经趋于性成熟，有性方面的好奇实属正常。如果只是单纯地、偶尔地浏览一下"黄色网站"，家长也没必要大惊小怪。因为强行制止反而会激发孩子的好奇心。

所谓的沉溺，就是已经到了影响学习和生活的程度。而沉溺黄色网站差不多会伴随过度手淫问题。

手淫，也是一个比较难界定的问题。一般情况下，男生一周内有不超过两次"自慰射精"不会影响身体发育和成长；女生只要不损伤性器官或是成癖，也不是什么大问题。这里讲的过度，指的是高频率的、不能自控的刺激射精行为，这就会影响身体的正常发育甚至是精神健康了。

首先在心理上，习惯手淫的孩子会慢慢成癖。很多有过度手淫史的孩子成人后会伴有阳痿、对异性丧失兴趣等问题，严重的还会导致不孕不育。过度手淫的孩子都会有不同程度的自卑心理存在，以为那是见不得人的事，会重复地懊恼悔恨，导致婚恋恐惧症。

再就是生理上，过度手淫不但会损伤内外生殖器官，男生还会影响肾脏发育。长期"肾亏"会让人变得面黄肌瘦、萎靡不振，甚至会引发内分泌系统、神经系统紊乱，影响正常发育。

所以，家长一旦发现孩子沉溺黄色网站或存在过度手淫的苗头，一定要在第一时间做出反应。这些行为一般与空虚无聊及厌学并存，所以家长要想办法转移孩子的注意力。有条件的家长最好多陪着孩子去旅游，去大城市见识新鲜事物。平日可多陪孩子去图书馆、书店阅读，鼓励孩子看一些励志题材的电影。总之，要培养孩子的高尚情操，远离低级趣味。即使没有条件，家长也要及时告诉孩子这些行为的危害，要切断没必要的经济来源，严格控制孩子的上网时间。

如果家长无力解决，就要及时求助心理师协助。

69. 早恋

首先，有必要纠正家长们的几个错误概念。

实际上，多数家长对"早恋"这个词的定位并不准确，认为青春期后的孩子与异性交往过密就是早恋，这就很不科学了。让我们来辩证地分析一下，究竟什么样的异性交往才够得上"早恋"的条件。

一是年龄。低年级（一般指小学）的孩子也有男女生相互喜欢的现象，如小明偷偷地给小红一颗糖，而小红也帮着小明做作业，于是别的小朋友就开始起哄，说谁与谁谈恋爱。大家说这属于恋爱吗？而到了中学，也就是青春期以后，男女生之间才可能产生爱慕之情。这时候的"爱情"尚处在朦胧阶段，只是隐隐的有那么点意思，双方感觉都很愉悦。这是一种非常美妙的感情体验，是上天送给孩子们的一份宝贵礼物，但也不能算是早恋。到了高中、大学阶段，如果孩子仍不知道跟异性交往，那才是问题，不是生理就是心理出了毛病，一定要引起重视了。

二是程度。异性中学生之间如果只是相互爱慕（就是所谓的"暗恋"），也不是毛病。试想哪个女生心中没有"白马王子"，哪个男生心里没有"白雪公主"呢？拔高一点讲，这是人类谋求文明发展、要求自身提高进步的原始动力，这也不算毛病。但是，如果男女生之间有了实质的性行为，并有了心灵契约，发誓"非你不娶、非你不嫁"，这才是值得关注的问题。因为女生过早怀孕会影响身体发育和以后的生育，甚至会导致不孕。实质性的恋爱势必会分散精力、影响学习，甚至会导致其他必要关系的损毁。

再就是效果，这一点家长们必须明白。我曾处理过这样一个"早恋"案例，很有意思，也出乎大家的意料。两位刚进入初三的学生恋爱了，并且有了实质的性行为。家长心急火燎，把两个孩子逼到我这里求助。

我的态度大大出乎两个小当事人的意料，因为我非但没有丝毫歧视的意思，还充满羡慕地表示了一定程度的赞同。实际上，这也出于我的本意。等咨访关系牢固后，我给他俩分析了利弊，重点讲了这样一个道理，那就是怎样才能博得一个人长久的爱，怎样才能有资格去长久地爱一个人。应该说，是这个概念把两个人给敲醒了，让我得以巧妙地把"爱的动力"转换成了学习动力，取得很好效果。家长实际担心的并非能否恋爱，而是害怕孩子耽误学习。当两个人互相攀比着学习时，家长的担心也就显得有些多余了。

我对双方的家长讲，如果两个孩子能一直健康地相爱下去，并且都成为优秀的人，那为何不成人之美呢？

问题是相对的，既不能全盘肯定也不能全盘否定。关键要学会因势利导地把情绪引导到正路上，这才是明智之举。

70. 结交不良少年（吸烟喝酒）

有些孩子撒谎逃学，或干脆与家长明着对抗、整天不着家，与一些不良少年混在一起吸烟喝酒耍横装酷，小偷小摸泡网吧，寻衅滋事打架斗殴，甚至聚众淫乱、调戏女性，学校管不了，家长也已经彻底灰心。于是，这样的群体成了街头巷尾的一种另类存在，成了看守所不收（他们大错不犯）、学校不要（无法管理）、家庭管不了（父母伤心失望之极）的异类。

你身边有没有这样的孩子呢？这群"三不管"的孩子们究竟何去何从，他们的内心世界又是怎样的，谁又能拯救他们呢？

先讲一段我的经历。

2014年春，我曾与家长一起，把一个孩子送到了省城的一所特殊学校。这样做是不得已而为之，因为这个初三学生已经油盐不进、刀枪不入，像一块切不动、煮不烂的滚刀肉。得知我的身份履历，学校负责人跟我商量，能不能有针对性地给这些孩子们讲讲课，我欣然应允。一周后，我专门给这些孩子们讲了一堂题为"逆反是一种好品质"的公开课。没想到的是，课后孩子们围着我不让走，大致的诉求是"能不能把这堂课也讲给他们的爸爸妈妈听"。当时我的心情很复杂,那一瞬间有一个大大的问号在脑子里徘徊——这些在家长老师眼里的坏孩子,真的无药可救了吗?

"存在即合理",凡事皆有因果。我们不能急于否定任何一个有问题的人,解决问题的关键还是要找到形成问题的原因。

通过了解,这类孩子的蜕变轨迹大致有这样一个规律:父母未采取人性化的施教方式("老子第一"的主流意识或放任自流)——孩子的主张得不到应有的尊重(没有话语权,只有服从的义务)——亲子对抗中孩子一败再败(情绪被压抑,找不到释放渠道)——关系破裂、矛盾爆发(忍无可忍后的情绪大释放)——家长无情地压制、"平叛"(高强度的压制)——矛盾公开化(破罐子破摔、公然对抗)——孩子迷茫、家长无奈(一场没有赢家的战争结果)。

当然也有例外,但基本是这个套路。这是如何造成的,难道孩子天生有反骨,天生就是异类?不是的,这是错误或不当施教的必然结果,几乎成了一张"叛逆路线图"。

既然没做到防患于未然,那么就学着亡羊补牢吧。

这类似针尖对麦芒的两军对垒,如果一直处在剑拔弩张的紧张气氛中,再好的建议方案也是白纸一张。所以第一步先要缓和紧张气氛,就是需要一方先撤下来。谁先撤呢?当然是家长,因为你是这场战争的发起者、主导者,当然需要你主动撤退。孩子一方没有了充足的反作用力,高高举起的"枪"也就没什么意思了。先撤下来的家长要虚心总结教训,弄明白问题的根源。不妨给孩子写一封情真意切的致歉信,以期望孩子的有效回应。此时,孩子对家长的撤退和觉悟是持怀疑态度的,所以需要家长的诚意和坚持。只要你能言行一致,相信孩子一定会有所回应。

其实,孩子的"闹腾"有很大成分是为了宣泄,还有一部分是故意挑衅家长权威。当他们看到家长真的"投降"了,对抗也就没了意义。等亲子之间的沟通正常了,一切也就好办了。

还有一种情况是,家长认识到错误并在积极改变自己,可孩子就是不为所动,像一块冷冰冰的石头。这说明孩子的心已经凉透,坏习惯也已经养成,这就需要动用特殊手段予以纠正了。

以半军事化管理纠正颓废、懒散习惯，开展传统礼学教育"再造"感恩之心，运用心理疏导解决思维行为障碍……这些被动的"洗脑"工作虽是不得已而为之，但也是有效的办法。

积极施救总比眼睁睁看着孩子滑向深渊要好。希望家长们能端正态度，主动及时地寻求救助之道吧。

71. 追星

同样，对孩子们的"追星"举动，也不能一概否定。有位喜欢"追星"的高一女生对家长的担忧不屑一顾，"我喜欢他的风度、谈吐、歌声、气质和修养，有什么不好吗？人总得有一个崇拜的对象吧？"孩子的话不无道理，我也希望大家都能有一个向其看齐的目标，没有目标的生活才最可怕呢。

多年前某地曾发生过一起轰动媒体的"追星"事件。一个女孩为了见某位明星，不择手段筹集费用。这已经不是什么追不追星的问题，而是一种不轻的心理疾病了。

对一般的"追星"行为，家长们也没必要大惊小怪。如果你的孩子"追星"，你不妨尝试着这样做做，或许能缓解或改变孩子的态度。

这就是"欲擒故纵"，先不急着反对孩子的行为，反而与其一起"追星"，用不了多长时间，孩子就会"换星"甚至直接不追了。明白其中的道理吗？因为追星的孩子都是完美主义者，不允许一个"有代沟的人"也去追寻自己喜欢的明星。

我曾教一个家长这样做，买几本明星杂志放在客厅里，只要孩子回来你就假模假样地认真看，并不断向孩子请教与"星"有关的知识和趣闻。开始孩子可能还会给你讲讲，可过不了多长时间，就会厌烦，感觉追这个"星"真不值得。

话题回到开始，只要不耽误学习、影响生活，追星也不是一件坏事。孩子心里有一个正面的、充满正能量的偶像，也就有了学习和生活的目标。

72. 奇装异服

一个中学女生曾穿着"洞洞裤"来我工作室,话题当然不是这条裤子。但我们聊着聊着,就聊到了如今年轻人的穿着上,尤其是这条"洞洞裤"。

我问她穿这款牛仔裤的感觉,她回答说,"好玩,没啥感觉,穿就穿了呗"。我又问她是否在乎别人异样的目光。她对我这个问题感到很诧异,"我穿衣服,关别人什么事"?

这位女生的妈妈也跟我聊起此事,非常担心孩子穿成这样会学坏,也担心过于暴露会招惹坏人。那么那些喜欢穿奇装异服的孩子真就容易变坏吗?

人都有猎奇心理,也都希望能博得更多人关注。现在一些直播平台的"主播"们是这种心理,年轻人穿奇奇怪怪的衣服也属于这种心理,应该说正常。接受不了这些的,往往是那些因循守旧的成年人,因为隔代人生活的文化背景不一样,当然生活观念也大不相同。

就此想到一个故事。

几位徒步爱好者坐在山脚下休息,其中一位看到一只老鹰抓着一条蛇落在远处的树丛后面,就告诉其他人刚才看到的情形。可惜的是,其他几位都没有看到,非说这位看到的撒谎,还分析他撒谎的各种动机。于是大家争论起来,弄得都不很愉快。他们路过一座寺庙休息,看到老鹰抓蛇的那位依旧非常郁闷,就去找庙里的主持说理。主持听完他的讲述,轻轻回了一句,"你看到是你的事,他们没看到是他们的事,为什么生气呢?"这位恍然大悟,心里的怒气瞬间就消失了。

所以,别人的事和你本不相干,彼此没必要相互认同。如果你的女儿也穿上了露脐衫、洞洞裤,也别大惊小怪、如临大敌,要抱着一种欣赏的态度去审视孩子的成长。家长们要明白,孩子是好是坏与穿着打扮之间没有必然联系,关键要看内心,而不是外表。

当然,很多学坏的孩子也能从穿着上体现出来,这就是另一个话题了。

73. 敏感多疑

小强身材偏胖，因此在班里得到了几个不雅的绰号。小强既生气又郁闷，三天两头跟同学打架。老师没辙，建议家长带孩子看看心理师。

小强对心理师说，全班同学和老师都在笑话他，他们背后给他起外号编故事，甚至说他得了"贪吃症"，会吃出心脏病一命呜呼。心理师问小强，是你亲眼看到的，还是亲耳听到的？小强说不出原委，一再说不用听、不用看，他们一定是这样做的，所以总想找机会报复他们。

人格障碍是慢慢形成的。小强的问题就是比较典型的"怀疑型人格障碍"，其特征是无端怀疑别人做陷害自己的事。如果任其发展，有可能会迁延成幻听、幻视的精神障碍，那就是大问题了。

敏感是好品质，但"敏感超限"就是问题，就是"精神分析症"中的"防御过度"了。这种孩子每天神经兮兮、如临大敌，好像时刻都会大祸临头，一般有两种发展趋势：一是退行，心理年龄滞后，看上去像一个长不大的孩子；再就是攻击性强，动不动就会舞刀弄棒，像惊弓之鸟。这都是因为多疑而导致的安全感丧失，需要家长高度重视。

如果孩子出现敏感多疑的苗头，家长要进行有针对性地追本溯源。如孩子说某某同学想谋害自己，或老师怎样怎样，家长不妨用"效果论"进行说服。如孩子说谁谁想坑害我，那么家长就要跟孩子要结果，如果一直没有结果，那就是自己的臆想。如果真的有某种"加害"行为，家长就要及时与老师或同学家长联系，商议解决办法，让那些实施"加害"的同学给孩子道歉，老师实施监督等，以消除孩子的后顾之忧。

记住，家长关注和家庭温暖是孩子抵抗一切"妖魔鬼怪"的最坚实保障。

摘录《读者》上的一句话送给家长们——用幸福治疗不了的病，再好的药也无济于事。

74 自律、自立性差，过度依赖

一位十三岁的中学生不敢自己过马路，这事大家相信吗？刚听到时我也不信，但这是事实。

孩子的妈妈很郁闷，担心孩子将来的生活。可这又能怪罪谁呢？孩子从小到大连自己袜子都没洗过一次，也从没替家长买过一次东西，大大小小的事情都由妈妈一手包办了。妈妈说，孩子竟然至今不知道藕是在水里长的。

多数中国家长的态度是——只要你能把学习搞好，其他的事不用你管。这是一个最最基本的错误，因为你把孩子的人格"人为分裂"了。

拿"人格分裂"说事并非危言耸听。如果一个中学生、大学生连最起码的洗内衣都不会，很难相信他能把别的事情做好。如果我是考官，如果由我来面试这样的孩子，我能让这样的孩子通过吗？不会！相信一般人也有这样的基本判断，一个生活不能自理的孩子无异于一个身心皆有缺陷的人，没人相信这样的孩子能把事情做好。

我在很多场合都曾以极其严厉的语气大声疾呼过，不要把原本正常的孩子培养成有身心缺陷的人，要下狠心让孩子自己走路。这个道理很简单、都知道，关键是家长能不能明白。

还是给大家讲一个真实故事。

一位女生考进了一所重点大学，整个家族一片欢腾。可好景不长，一个月后校方通知家长把孩子领回。原来，孩子适应不了军训生活，不出操甚至与教官发生冲突，被学校警告。但其仍然不承认错误，继续对抗学校安排，不仅扬言要到教育部告发，还把一张写有"教官就是法西斯"的小字报贴在校园内。当系主任走进她的宿舍时，发现一大堆已经变馊的衣服，她说要等妈妈过来洗……后来这位女生被转到当地一家学校就读，但仍然惰性不改，后休学在家，一年后被确诊为严重焦虑症，断送了大好前程。

之后，我又碰到一个类似的家庭。当我摆出观点时，家长有点不以为然，说很多科学家、成功人士并不需要打理自己的生活。我当即回了她一句，"你以为你的孩子将来能成为科学家、一定能成功？你怎么知道成功人士都不会打理生活？"家长顿时无语。但愿我这席话，能让她从梦中醒过来。

75. 偏科

偏科是学习中常见的问题。这里说的偏科，是指学生某一科成绩特别差的情况，譬如有的学生语文可能考 95 分，可数学竟然只能得 30 余分。

偏科的原因有些复杂，但大致有两方面因素。

一是学生对此门功课不感兴趣。至于为什么不感兴趣，多数学生说不出原因。这可能与大脑某一个区域的发育有关，我不是这方面的专家，不敢下绝对定义。但若单纯从"气质类型"方面考虑，则有一定的道理。如"多血质"和"胆汁质"类型的孩子大多不擅长逻辑和计算，他们一般文科成绩较好；而"黏液质"和"抑郁质"类型的孩子则擅长较规律的计算和推理，这样的孩子一般理科成绩较理想。气质类型属于"天然"因素，不容易改变，只能顺势而为。

二是学生与任课老师的关系有问题。这个因素很常见，属于"恨屋及乌"，功课成了无辜的牺牲品。这需要家长主动帮助孩子修复不良或断裂的师生关系，看看问题究竟出在哪里。

家长要主动找老师沟通，要抱着谦虚和求教的态度，万不要武断地认为老师为难孩子。家长重视了，老师自然会重视，只要老师能主动地去修复，相信重新建立关系不难。

最难办的问题是，有些孩子看不惯任课老师的行为做派，如老师的谈吐、衣着，甚至长相。这就是孩子的认知出现问题了，需要家长帮助孩子修正价值观，让孩子明白"适者生存"的道理。

当然，对于那些特殊情况的孩子，家长可以求助心理师一起想办法。只要方法得当，相信偏科的问题是能有所改善的。

76. 自私、自我中心

有位高中女生找我咨询，她的问题很直接，"我为他们做了那么多，可是他们竟然那样对我，现在人真的没良心了"。

我问她"他们"有没有为你做过什么？她说有的有、有的没有。我继续问："你是不是感觉他们都该听你的才对？"她说："是的，因为我付出的多，我是正确的。"

20世纪施行的独生子女政策让中国的孩子滋生出了一个很突出的大问题，那就是"自我中心"，说直白一点就是"自私"。

这个问题没必要多费笔墨，在"衣来伸手、饭来张口"的环境中长大的孩子不自私才怪。

"自我中心"孩子的字典里没有"他"这个字，满满都是"我"。问题是这样的，一旦这样的孩子走向社会，所碰到的可基本都是"我"字当头的孩子，常听到这样的话："你为什么不听我的？""我为什么要听你的？"于是，孩子们忽然感觉天变了，自己成了孤立无援的"孤家寡人"，失落、郁闷、无助接踵而至，最后是安全感缺失。前几章讲过，安全感缺失会导致一系列过激行为，要么是用暴力维护"尊严"，要么退缩在角落里瑟瑟发抖。

如今是一个"合作共赢"的社会，讲求人脉、关系、互助、接纳。若一个人从小就形成了"自我中心"人格，凡事总考虑自己得失，认为"赚不到便宜就是吃亏"，怎么能与人为善、合作共赢？

"天底下没有应该的事"——请家长们记牢这句话。你要告诉孩子，我生你、养你应该，但是你孝敬父母、尊重长辈、回馈社会也是应该的。没人有资格要求别人单方面尊重你，除非你做得比别人好，人家主动尊重你。

赢得他人敬重的办法很多，"要求"是唯一错误的。请家长们把这句话转告给孩子。

77. 老大效应

随着二孩政策的放开，二孩潮扑面而来，由此导致的"老大效应"也日渐凸显。如果家长不明白、不重视，则有可能出问题。

二宝降生后，一家人的关注度、注意力势必会发生偏移。作为曾被视为中心的"老大"来讲，失宠后的失落、沮丧、后怕一起涌来，所以往往会制造一些事端来强调自己的存在。

还是一个真实的故事，希望能让家长们有所警醒。

这个家庭的"老大"六岁，男孩。妹妹降生后，一家人的注意力全部转移到了二宝身上，用妈妈的话说就是，"老大忽然之间长大了"。可悲剧还是发生了，趁妈妈去超市买东西之际，"老大"竟然把妹妹扔进了注满水的浴缸里。

我们不妨也站在"老大"的角度思考一下。对他来说，"失宠、被边缘化"来得太突然，原先的特殊照顾一下没了，这本身就会激发不平和愤怒。这时候，他的不满和愤怒很容易就会转移到那个突然得宠的弟弟或妹妹身上——如果不是因为你，我怎能有如此下场。小孩子是直线思维，没有多少情感色彩，于是做出令人意外的事也不奇怪。这就是"夺爱"的后果。

于是，想要二孩的家长就需要补课了。

在二孩降生之前，哪怕是作假，也要与"老大"达成共识。

"大宝，我看到别的孩子都有弟弟妹妹，你看他们在一起多快乐"，"有个伴该是一件多么幸福的事啊，那样你就不孤单了"，"你也可以把你喜欢的玩具和弟弟妹妹一起玩，有人叫哥哥姐姐是件多好的事"……想要二胎的家长一定要学会说这些话。如果孩子不同意，那就想办法做通工作。怀孕后，妈妈也要经常让孩子"接触"一下宝贝，让他趴在肚子上听听胎儿的心跳，并"听到"肚子里的弟弟妹妹在叫他（她）哥哥或姐姐。

当然，二孩出生后，家长更要对"老大"有所偏重，就是表面上一定要把文章做足。比如分糖果的游戏，10个糖果，给小的3个，给大的7个。要刻意培养两个孩子的感情，如多让老大照看老二；让两个孩子同睡一张床；教小的叫"哥哥""姐姐"，等等。

总之，无论感情还是行为，家长一定不能有意"偏向"而让关系失衡。等到二宝大点了，知道依赖老大了，你才会发现老大会迅速地成长起来。而"老大"开始的那些"讨乖"举动，都是为了吸引你的注意，并不是真正的成长。

78. 理想化人格

"凡事都往好处想"不是坏事，但物极必反，理想化人格的毛病就是"把事情想得太完美"，这类似一张白纸，而"佼佼者易污"。

一个前来求助的初二男生对我讲，"这世界太黑暗了，我对这个世界不抱任何希望"，"现在社会上没一个好人，难道好人都死光了吗"？这就是典型的完美主义人格特征。

但是，即使理想化再不好，也总比"悲观人格"强得多。毕竟理想化是"恨铁不成钢"，希望还是好的。理想化人格对自己要求特严格，但也要求别人一尘不染。但往往"希望越高、失望越甚"，这就是受理想化人格影响的结果。

世界是不完美的，人也都是有缺点的，要教育孩子用"一分为二"的哲学观审视世界。家长们不妨跟孩子做一个小小辩论，让孩子拿出一件他自认为完美的东西或举一件他认为完美的事情，列举一个你就推翻一个。记住，你在推翻对方观点的同时，一定要认可一件东西或一件事情好的一面，不能绝对否定，把事情逼向另一个极端。

家长可以给孩子讲一下"维纳斯"雕像的诞生过程，借此给孩子灌输"美的事物都有缺憾"这个理念。要让孩子明白，接受缺陷和不足并非否认事物原有的好本质，如我们结交朋友，只有接纳了对方的不足，才算是接纳了他的全部。

还应告诉孩子，"要求一切尽善尽美既不现实也没必要"，"水至清则无鱼"，对自己严格要求是好事，但对别人一定要宽厚仁慈，这样你才会有朋友，才不会孤单。

79. 偷窥等人格障碍

一个小学三年级的男生，竟然偷偷地藏在饭店的卫生间里偷看如厕的女性。家长觉得这是一件极其见不得人的事，但又害怕伤害孩子的自尊心，为此向心理师求助。

偷窥在低年龄的孩子中比较少见，但在中学生、大学生中时有发生。笔者曾处理过一个男大学生盗窃女生内衣的案例，很是棘手。

之所以把这种偷窥、偷窃行为称为人格障碍，是因为窥看或盗窃的内容和东西不一样。性质不同，处理方法就不一样。

偷窥的性质有很多争议。但我不同意"天生流氓"这种说法，而比较赞同"习得"论。成年人对异性感兴趣实属正常。但尚未发育成熟的小孩子发生偷窥行为就有点不好解释，是单纯的好奇吗？看来，只有这样的解释能说得过去。

因为不能与孩子正面接触，所以只能从家长的嘴里了解信息，这有点隔靴搔痒了。但可以理解的是，小孩子的好奇心是很强的，他们对未知的事情都有极强的窥探欲望。如不谙世事的小孩看到爸爸妈妈做爱、听到妈妈呻吟一定很是好奇。但对家长来讲，这又是很隐秘的事情，一般不会让孩子看到更不做任何解释，这可能会更加激发孩子的猎奇心理。

"性"这个东西，在中国还属于"禁区"。家长们不知道也不好意思对孩子做出科学解释。这导致孩子知识结构中出现了一块大的"盲区",让"黑箱子效应"显现。你不说,不代表孩子不想了解,于是他就可能做出让大人匪夷所思的举动,就像开始我说的那个孩子。

这里引申出一个话题,那就是怎样给孩子讲"性"。这样的书籍不少,家长可以有针对性地买几本让孩子看看,尽量选择图文并茂、好理解一些的书,因为单纯的文字孩子很难看懂。

当然,也可以给孩子打比方,如"爸爸妈妈相爱了才有了你","你是从妈妈的肚子里出来的",但千万不要弄出"充话费送孩子"的笑话来。

对孩子已经形成的行为当然要及时给予纠正。家长最好在心理师的指导下做疏导,要根据不同年龄制定不同的疏导办法。既可以"旁敲侧击"也可以"指桑骂槐",通过讲别人的故事让孩子明白自己行为的不妥。一般情况下,孩子是会很快转变的。

如果是高年级孩子,那就需要心理师的专业辅导了。

80. 性取向倒错

就是同性恋,当然也指双性恋。

怎么看待这个问题,至今业界也没有一个统一的结论,坊间更是莫衷一是。如果单纯从"爱"的角度出发,谁爱谁是个人的自由,谁规定同性之间不能有爱情?所以,对同性恋的"意见分歧"只是一个价值观问题罢了。

为何中国人不能接受呢?直接原因是因为不能传宗接代。所以,但凡为这事儿纠结的人,都是价值观与现实发生了直接冲突。

同性恋者也明白结局,但逼迫他们无缘无故地结束恋情也很残忍。他们的痛苦源自社会的压力和对未来的担忧,但往往很难做出抉择。

关键是家里有这样孩子的家长拒不接受,感觉天塌了下来。于是,传统与"超现实主义"的斗争就此拉开序幕。

而向心理师求助的往往是家长。但咨询实践证明,想拆散一对同性恋人如同拆散一对异性恋人一个道理,也一样困难。子女们道理都懂,但对于失去心爱"恋人"这事,谁都难以接受。

怎么办呢?

实际上，同性恋的当事人会搬出西方的"自由论"说事，家长会拿出传统文化与道德观念说事。究竟谁对谁错呢？

请允许我站在一个较为客观中立的角度说几句。

凡事要顺其自然，处理问题也要顺势而为。所有违背自然规律的事物和方法都不科学，也都会适得其反。社会的发展也遵循这个规律，存在即合理，一切新事物的出现也都有其道理。

关于同性恋问题，无论社会还是家长，最好能抱着宽容仁慈的态度，用发展的眼光去看问题，或许就能消解困惑。

同性恋的成因很复杂，但有一点还是比较明确的，就是小孩子一定要"顺性别"抚养，男孩要按男孩的抚养方式抚养，女孩也要按女孩的抚养方式抚养，让小孩子自小就知道自己的性别。如果抚养方式弄反了，可能就会让孩子自己产生对性别认知的混乱，导致性别认同倒错。

附录

附一：

致家长们的一封公开信

尊敬的家长朋友们，你们好：

作为一名在心理咨询一线工作了近十年、处理过大大小小近千例有关"亲子关系"咨询个案的心理咨询师，感觉有很多很多话需要跟家长朋友们讲一讲。

家长心急火燎地找到我，说孩子出问题了，急切地跟我讨要一服"药到病除"的良方，希望孩子能迅速走向正途。可是，我却每每让家长们失望，他们眼中的"心理专家"并没有拿出"灵丹妙药"，而是啰啰唆唆地给他们讲了一通大道理，而这些道理家长们似乎又都明白。于是，多数家长乘兴而来、败兴而归，并得出结论——心理师不过如此。

可是，如果不弄明问题的来龙去脉、不找出问题的症结所在，又怎么能实施疏导和矫正呢？这类似患了肝病，原因是你嗜酒如命，那么当务之急是先把酒戒掉。如果病人管不住自己的嘴，那么再好的治疗能起作用吗？

孩子出现了逆反、厌学、网瘾等问题，难道是孩子天生有反骨、天生没出息、天生不成器吗？

当一个小生命降临家庭，父母该有多高兴啊！看着一天天长大的小宝贝，看着那个躺在床上、一边傻呵呵笑一边啃自己脚丫的小肉球，父母又该有多么幸福啊！那时候，你们是不是已经开始在思考孩子的未来了——这小东西将来会是什么样子呢，是成为英雄豪杰、还是碌碌无为的平庸之辈？做父母的当然希望孩子将来能成龙成凤、光宗耀祖。于是你们就开始为孩子规划未来了，希望孩子能按照父母设计的道路一直走下去。

可是你们慢慢发现，孩子越长越大，却越来越偏离了父母预设的路线。尤其到了青春期，他们不但拿父母的话当耳旁风，甚至会公开与家长对抗。本指望孩子能成为品学兼优的好学生，可是孩子却厌学了。

你们很着急，恨不得把孩子的脑袋掰开，看看他们究竟在想什么，恨不得用自己的思想替换孩子的思想。当你们威逼利诱地把所有办法用尽，孩子却丝毫没有好转的迹象，甚至会得寸进尺、更加肆无忌惮。

你们糊涂了、迷茫了——我的孩子不应该这样啊？他曾经是一个多么听话的好孩子，怎么越长越不像我的孩子了？装着一万个问号的你们开始四处"求医问药"，甚至把巫婆神汉都当成救命稻草。可是当你寻遍名医大师，却依旧是一头雾水。听上去人家讲的都有道理，但好像又都是废话。因为对孩子的转变似乎不起任何作用，于是你会得出"都是骗子"的结论。

不少迷茫中的家长"临时抱佛脚"，急切地跨入了报考心理咨询师队伍，期望心理学能帮自己找到答案。你们温习国学、学习心理咨询技术、跟随"大师"们东奔西跑。可惜的是，花了不少钱、费了不少工夫，非但没有找到答案办法，反而越学越糊涂了。

面对一个个垂头丧气的家长，我习惯于直言不讳指出问题的本质，但多数家长却依旧半信半疑，甚至认为是心理师偏心眼，跟孩子穿一条裤子。多数家长只咨询了一次就撤退了，有些"财大气粗"的家长甚至会把钱拍在桌子上说："孩子我交给你了。"每当这时，我都觉得这样的家长既好笑又可怜，也能感觉到普及心理学常识的重要性和迫切性。

世界上任何问题，都是"多因一果"甚至"多因多果"的综合问题，也差不多是一个长期积累的沉淀。孩子的厌学、逆反也跑不出这个规律。

拿厌学来讲，就有家庭问题、学校问题、个人素质问题，以及社会问题等原因。孩子出了问题，父母会习惯性地把责任推给孩子和学校，认为孩子故意捣蛋，认为学校不负责任，唯独不去或不愿意承认自身有问题。当心理师指出家庭问题是主因时，家长们往往会很吃惊，"是我们的问题吗，难道我们不希望自己的孩子学好吗"。

当然，不少家长还能保持清醒头脑，当心理师分析完案情后，家长们也能认识到自身存在的问题。可另一个关键问题会接踵而至，他们会瞪着充满期待的眼睛看着你说："老师，道理我懂了，可下一步怎么办呢？您倒是给我药到病除的'仙丹'呀？"

家长们之所以认为心理师的抽屉里有灵丹妙药，源于对心理学或心理咨询工作的不了解，以及对心理师的神化。心理咨询的一个主要目的是"教你怎么去教育孩子"，而不是心理师越俎代庖。毕竟孩子与你们朝夕相处，家长才是孩子的人生导师。

在此我也必须要说明一点，家长们不得已送来的孩子多数已到了"病入膏肓"的地步，这绝不是危言耸听。你们不妨反思一下，孩子最开始闹小情绪时你们在干什么？是不是认为只是脾气性格问题，过一段时间就好了？当孩子出现严重症状时，你们又在干什么？是不是捂着盖着不想让人知道，唯恐给孩子戴上"神经病"的帽子？是不是宁肯相信巫婆神汉也不愿意去见心理医生？真到了孩子闭门不出、油盐不进了，这才乱了阵脚，迫不得已去找心理医生了。殊不知，你已经把一个小小的"情绪感冒"拖成了神经症，心理咨询师不是神仙，又能有多少回天之力？

还有一个很关键的问题，那就是治疗费用问题。很多家庭的确拮据，毕竟现在心理咨询费不计入"社保"，且比较昂贵，一般家庭难以支付。但有些家庭明明有支付能力，却因为存疑心理咨询效果而不想花"冤枉钱"。家长们不妨做一个类比，你去医院治疗，有多少钱是真正花在治疗上呢？你以为不做检查不会诊、不用打麻药就能直接动手术？

心理咨询（治疗）是一项很复杂的工作。孩子的问题需要全方位的多管齐下，需要在心理师的指导下，家长、学校、孩子、甚至社会力量一起发力。而家长是第一责任人，会起到"牵一发而动全身"的关键作用。你不动，全盘都不动。

如今，年轻的家长们往往很任性。他们会生孩子但却不会教育孩子，也可以讲是不愿意为孩子多付出（这里讲的是精力而非物质）。他们很顾及自己的感受，却往往会忽略孩子的感受。他们能为一点鸡毛蒜皮把家里弄得鸡犬不宁，会很潇洒地分居、离异、再婚，却很少能顾及孩子的内心感受。还有很多父母为生计离家谋生，把孩子甩给长辈照看。我没有多少充足的理由去指责这些父母的不负责任，毕竟解决生计是首要任务。但这却给孩子的健康成长埋下了诸多隐患，像极了时下的一种社会怪圈，那就是"先拿健康换钱，再用钱买健康"。这账，怎么算才合适呢？

教育，像建设一座高楼大厦，如果地基没打好，即使盖得再高再漂亮，也随时有倾覆的危险。教育也是一场考验家长耐力的长跑,要想跑出好成绩,你一刻都不能松懈。

家长朋友们,请允许我提几点要求吧。

一、在准备生孩子之前,一定先问自己几个问题:我是真心想培养一个成功的孩子,还是只觉得好玩?我能保证给孩子一个温馨安宁的家庭环境吗?为了孩子的健康成长,我能抛弃自己的任性和爱好吗?请你心口如一地回答自己,如果能做到就要孩子,不然的话,我还是劝你要慎重。

二、学习和掌握点"发展心理学"常识,了解孩子在每一个成长时期的心理需求,进而做出积极应对,而不是只知道填饱孩子的肚子。

三、情绪不是小问题。当发现孩子情绪不对时,一定要在第一时间做出反应。把孩子当朋友,心平气和、公平公正地与孩子交流沟通。

四、学会尊重。孩子的事无小事,即使是小事,也要拿出处理大事的态度。真正的尊重是包容接纳,孩子提出的所有问题都有他认为合理的道理,你们处在不同的纬度上,要努力把沟通的频道调到与孩子同频上。

五、孩子出现状况时一定要科学面对。心理问题很正常,西方国家把见心理医生看成是一件很体面的事,千万不要掖着盖着,更不要相信什么巫婆神汉,把一个小问题"发酵"成大故障。

六、不要把所有的希望都寄托在心理师身上。实话实说,心理咨询师的作用很有限。解铃还须系铃人,孩子的问题归根结底还是家庭的问题,所以解决问题最终还得靠家长。

七、密切观察孩子的成长。不要中断与学校老师联系,不要做一个"最后知情者"。

八、孩子的健康成长才是家庭的真正成功。逼孩子学习往往会适得其反,要尽快让孩子明白,学习是自己的事。

九、有可能的话,跟心理咨询师学点"育儿秘籍",一定能在关键时候派上用场。

十、亲子教育是一场考验耐力的马拉松,不能有丝毫的松懈。忍耐和坚持,往往是成功的关键。

好了,啰唆得不少了,希望我们的孩子都能成功,也希望全天下千千万万个家庭都能幸福安宁。

此致

2018 年 11 月 11 日

附二：

致孩子们的一封公开信

孩子们，你们好：

　　孩子本没有好坏之分，从我这个心理师的角度看你们，依旧是一群充满能量和希望的孩子，依旧是一群朝气蓬勃且能成大器的孩子。我不是忽悠你们，因为我能透过现象发现本质，能透析到你们家长或老师看不到的那个"人性的核心"。

　　在这里，请允许我先向你们提两个问题。你们为什么成了家长老师眼里的问题孩子？是真的存在问题，还是在故意做一些事情给家长老师看？这些你们思考过吗？如果你们还没来得及思考，那么我就替你们想一想，替你们总结一下，看看是否合乎你们的心思。

　　还是拿"厌学"说事吧。你们是真的学不会、还是有些情绪在里面，不想学、或不屑学？根据我对你们的了解，不是你们笨，而是你们不愿意学，对不对？为什么不愿意学呢？因为你们不知道为谁学、怎么学，是不是？家长可能会对你们讲"学习是你们自己的事"，但是你们却发现学习是给家长和学校学的，因为他们每天劝你们、逼你们学，甚至让你们学一些压根就不喜欢的东西，对不对？还有，你本来也是一个品学兼优的好苗子，可是你却适应不了那个糟糕的家庭环境。由于父母吵架、闹矛盾、甚至离异，你感觉不到家的温暖、没有了安全感,你满脑子装的都是担忧和恐惧,哪有心思学习,对不对?还有就是父母对你寄予了太大的希望,希望你能考上北大、清华等名校,可你发现自己不是那块材料,于是压力陡增。但你又不敢或不好意思违背父母的意愿,害怕他们失望。于是你顶着巨大的压力一步步爬行,直到再也爬不动为止。还有就是父母压根就没有真正管理过你,他们只顾打工挣钱,把你扔给了爷爷奶奶,当你考了一个好成绩,或被别的孩子欺负时,你都找不到一个和你分享喜悦和给你当靠山的亲人,对不对?……

你也曾徘徊过、迷茫过,可能也明白照这样混下去对不起父母,但是时间长了坏习惯也就养成了。懒散、颓废、玩手游,得过且过、混一天算一天。起初看到父母焦急无助的样子,你也会不落忍,但时间一长也就麻木了,对不对?

我与你们的父母聊过无数次。值得欣慰的是,在我的启发开导下,他们都能意识到自身的问题,都对自己所犯的"错误"痛心疾首。他们后悔没有在你们最需要关注、关心和鼓励时,给予你们所应该得到的东西,从而错过了最佳教育时机,导致了现在这个局面。追悔莫及的他们,都恨不得倾尽家财喝一碗"孟婆汤"。

孩子们,说到这里,我也要为你们的父母说几句公道话了。先别愤愤不平,不妨耐着性子看完。

首先,你们的父母不是心理医生,更不是教育专家。由于学历知识结构的局限,他们只能按照"他们以为正确"的方法去施教和管理你们。这真的不是他们的错,如果非要归咎责任,应该是这个"压力山大"的生活环境和那么一点的任性吧。因为你们的父母懂得了没有知识的可怕,所以才处心积虑地想让你们多学、学好。

其次,不管父母对你们的态度和方法如何,不论是唠唠叨叨还是动手动脚,都出于那句话"可怜天下父母心"。他们真的是恨铁不成钢,骂过、打过你们之后也后悔、也心疼,只是他们不愿意让你看到他们无能的"怂样"。他们也爱面子、也有尊严,所以只能挺着……挺着。

再次,孩子们,或许你们已经感觉到了生活的压力。你们知道现在养一个孩子需要多少钱、需要花费多少精力吗?你们可能还不会算账,可是父母心里的账却是清清楚楚。于是他们要拼命去奋斗、去挣钱攒钱，舍不得吃、舍不得穿，就是为了将来能让你生活得好一些，活得有尊严一些。他们也不是不愿意陪伴你，而是在残酷的现实面前，他们也要生存，没钱怎么给你们提供好的学习条件，没有钱寸步难行啊！

再就是，你们抱怨家长没有给你们精神上需要的东西。可是你们有没有去留意、去感知他们的感受呢？当你们把屋门摔得怦怦作响，当你们赌气把自己锁在屋里，当你们跑到网吧通宵达旦，当你们夜不归宿失去联系，当你们被关进派出所……你能感知到他们的心在滴血吗？担忧、无助、无奈、难堪、失望、绝望，这些东西像一团乱草堵在他们心口。这样的感受，你们能体会到吗？

一位从外地打工地被派出所召唤回来的父亲、深夜坐在派出所门外的寒风中，一支接一支地吸烟……我都替他感到悲哀，我能体会到那种万念俱灰的心情。请你们好好想一想，这个世界上除了父母，谁还能这样为你牵肠挂肚呢？

一个聪明、理性和有出息的孩子，应该明白什么是耻辱和尊严。无论什么原因导致了你现在的样子，但一个自甘堕落、沉沦的孩子是没人看得起的。当你们趾高气扬招摇过市时，知道路人心里的潜台词吗？难道你真的愿意有那样一个扎心的称谓吗？

记住，"上帝都希望搀扶愿意直立行走的人"。成长中犯些错误既难免也正常，谁敢保证一生不犯错误呢？关键是要学会总结和修正，从哪里跌倒从哪里爬起来。同时还要学会宽恕和原谅，一个只知道怨天尤人的孩子肯定没出息。

原谅家长的"不理解"吧，他们或许并不比你知道得多；原谅老师们的"戒尺"吧，因为他们也是恨铁不成钢。要学着理解你周围的人和事，当你学会用辩论的眼光去审视他们时，或许你就不会有那么多的怨气了。

孩子们，请勇敢地站起来走路，不要让别人说你是"烂泥扶不上墙"，"扶不起来的阿斗"。失眠时就请你摸着胸口想一想，这样混下去到哪里才能算一站？当然，也希望你们能同情一下自己的父母，也不能因为他们有错就让他们永远痛苦吧？

作为一个有责任、敢担当的孩子,也应该敢于直面错误,主动回到父母身边,平心静气地与他们聊聊。或许你的一次悔过和转变,就能拯救父母和家庭,就能成为挽救整个家族的英雄。如果你这样做了,连我这个毫不相干的老师也要好好地感谢你呢!

最后再唠叨一句,"十年寒窗苦",学习本来就不是一件容易的事。但对于你们之中的一些人来说,好好学习才是改变命运的唯一出路。

好了,就说这些吧。希望你们能早一天露出自信灿烂的笑容。成功就在不远处,加油吧,孩子们!

此致

2018 年 11 月 12 日星期一